Francisco de Rojas Zorrilla

Don Diego de noche

Barcelona **2024**
Linkgua-ediciones.com

Créditos

Título original: Don Diego de noche.

© 2024, Red ediciones S.L.

e-mail: info@linkgua.com

Diseño de cubierta: Michel Mallard.

ISBN tapa dura: 978-84-9897-326-6.
ISBN rústica: 978-84-9816-217-2.
ISBN ebook: 978-84-9897-181-1.

Cualquier forma de reproducción, distribución, comunicación pública o transformación de esta obra solo puede ser realizada con la autorización de sus titulares, salvo excepción prevista por la ley. Diríjase a CEDRO (Centro Español de Derechos Reprográficos, www.cedro.org) si necesita fotocopiar, escanear o hacer copias digitales de algún fragmento de esta obra.

Sumario

Créditos _____ **4**

Brevísima presentación _____ **7**
   La vida _____ 7

Personajes _____ **8**

Jornada primera _____ **9**

Jornada segunda _____ **51**

Jornada tercera _____ **95**

Libros a la carta _____ **141**

Brevísima presentación

La vida

Francisco de Rojas Zorrilla (Toledo, 1607-Madrid, 1648). España.
Hijo de un militar toledano de origen judío, nació el 4 de octubre de 1607. Estudió en Salamanca y luego se trasladó a Madrid, donde vivió el resto de su vida. Fue uno de los poetas más encumbrados de la corte de Felipe IV. Y en 1645 obtuvo, por intervención del rey, el hábito de Santiago.
Empezó a escribir en 1632, junto a Pérez Montalbán y Calderón de la Barca, la tragedia El monstruo de la fortuna. Más tarde colaboró también con Vélez de Guevara, Mira de Amescua y otros autores.
Felipe IV protegió a Rojas y pronto las comedias de éste fueron a palacio; su sátira contra sus colegas fue tan dura al parecer que alguno de los ofendidos o algún matón a sueldo le dio varias cuchilladas que casi lo matan. En 1640, y para el estreno de un nuevo teatro construido con todo lujo, compuso por encargo la comedia Los bandos de Verona. El monarca, satisfecho con el dramaturgo, se empeñó en concederle el hábito de Santiago: las primeras informaciones no probaron ni su hidalguía ni su limpieza de sangre, antes bien, la empañaron; pero una segunda investigación que tuvo por escribano a Quevedo, mereció el placer y fue confirmado en el hábito (1643). En 1644, desolado el monarca por la muerte de su esposa Isabel de Borbón y poco más tarde por la de su hijo, ordenó clausurar los teatros, que no se abrirían ya en vida de Rojas Zorrilla, muerto en Madrid el 23 de enero de 1648.

Personajes

El príncipe de Aragón
El conde de Urgel
Leonora, su hermana
Don Fernando
Don Carlos, su hijo
Lucinda, su hermana
Don Bernardo
Don Diego de Mendoza
Lope, su criado
Febo, criado
Ramiro, criado
Celio, criado
Liseo, criado
Lucrecio, criado
Flora, criada

Jornada primera

(Salen el Conde y don Bernardo.)

Don Bernardo Cuando hay segura amistad
justamente se confía.

Conde Con este engaño querría
conquistar la voluntad.

Don Bernardo Si sabes la que te tiene
el príncipe de Aragón,
vanos los engaños son.

Conde Aumentarla me conviene,
y si ambición te parece
querer agora aumentalla,
por lo menos conservalla
justa disculpa merece;
no da al capitán la gloria
don Bernardo, el conquistar,
sino es saber conservar
la gloria de la victoria;
quiéreme el Príncipe bien,
pero con esta ocasión
conservaré la opinión
y la esperanza también;
de la industria no te espantes,
que el amor, donde hay poder,
como el mal, suele tener
sus crecientes y menguantes;
él quiere perdidamente
a Lucinda de Aragón;
no es casamiento, aunque son

          deudos; porque no es decente
          que dentro del reino case,
          que en lo demás le igualara;
          ella, que en su honor repara,
          de que se hiele o se abrase
          tiene muy poco cuidado,
          y así el Príncipe, celoso,
          ronda esta calle, animoso
          de que ha de hallar confiado
          la causa por qué la deja.

Don Bernardo   ¿Y hay causa?

Conde   De ajeno amor
          ninguna, solo su honor
          este desdén le aconseja;
          con esto, tengo pensado
          fingir que hay causa, por quien
          le deja, y hacer también
          que fueses tú disfrazado
          quien le salga a acuchillar
          con dos criados leales,
          pues que tú los tendrás tales,
          que esto les puedas fiar;
          yo, que escondido estaré,
          saldré a ponerme a su lado;
          huiréis todos, con cuidado
          de que el Príncipe me dé
          por autor de aquella hazaña,
          y por cuya valentía
          en la confianza mía,
          pues en esto a nadie engaña,
          ponga su amor y secreto,
          y llegue yo a tal lugar,

| | que venga Aragón a estar
                 a mis intentos sujeto;
                 que el que tuviere con él,
                 ese tendrás tú conmigo.

| Don Bernardo | Tú sabes que soy tu amigo,
                 y que te he sido fiel;
                 de tu intento, Conde, estoy
                 advertido; dos criados
                 tengo leales y honrados
                 de quien deudo y dueño soy,
                 a quien daré de esto parte.

| Conde | Pues parte y diles mi intento,
                 y como es mi pensamiento,
                 Bernardo, alcanzar por arte
                 lo que niega la fortuna.

| Don Bernardo | ¿A qué hora viene aquí?

| Conde | Él suele decirme a mí
                 que entre las doce y la una.

| Don Bernardo | Yo voy.

| Conde | El cielo te guíe.

| Don Bernardo | Tu dicha el cielo previene.

| Conde | ¡Dichoso el hombre que tiene
                 un hombre de quien se fíe!

(Salen el Conde, el Príncipe y Celio.)

Príncipe   Vete, Celio, que se enoja
Lucinda de que a su puerta
venga con gente.

Celio   Ella acierta;
porque lo que más despoja
a una dama de su fama,
es publicar sus amores
el galán.

Príncipe   Pocos favores
publicaré de mi dama.

Celio   No estaré lejos de aquí,
por si llama vuestra Alteza.

(Vase.)

Príncipe   Desdén con tanta belleza,
¿Qué quieres hacer de mí?
¡Ay ventanas! cuando os veis
del Sol puertas de zafiros,
si de mil dulces suspiros
las rejas enternecéis,
¿Por qué no decís que veis
mis ojos hechos aurora?
Pues ella por verle llora,
y ellos, al contrario, al cielo
hasta que rompiendo el velo,
los pies de la noche dora;
huya de mi Sol Lucinda
esta noche artificial,
que la noche natural
no quiero que se le rinda

	que su luz hermosa y linda
	no saldrá, si coronado
	de luz sale el Sol prestado
	al cielo desde sus ojos,
	donde yace por despojos
	la noche de mi cuidado.
	¿De qué me sirve el poder,
	si no puedo lo que quiero,
	y en lo que quiero no espero
	que pueda más de querer?
	Mas si querer es hacer
	lo más que puede el valor,
	yo quiero que tu rigor
	pueda en mí lo que quisiere,
	pues harto puede quien quiere
	sufrir cuanto puede amor.
Conde (Aparte.)	(Notables quejas, suaves
	suspiros, lástima es ver
	que tenga amor tal poder
	hasta en los hombres más graves;
	Lucinda sale, yo quiero
	esconderme hasta que venga
	don Bernardo, porque tenga
	principio el favor que espero;
	que al ingenio muchas veces
	se ha rendido la fortuna.)
Príncipe	Los marcos dan luz alguna.
	¡Ay dulce Sol, si amaneces!

(Salen el Príncipe y Lucinda.)

Lucinda	¿Es vuestra Alteza?

Príncipe	Yo soy, y no me llames así, que ya no hay alteza en mí después que a tus pies estoy.
Lucinda	¿Quién viene con vos?
Príncipe	Señora, el elemento del fuego, un niño, un gigante, un ciego, un Argos que vela agora; una salamandra ardiente, un áspid entre las flores, que es sobre varias colores camaleón trasparente; un Fénix que muere y nace de sí mismo, una sirena que canta y mata, una pena que atormenta y satisface, un animoso temor; pero puesto que os asombre, si queréis saber su nombre, sabed que se llama amor.
Lucinda	Bien parecéis, gran Señor, pues aunque os tengo avisado, venís tan acompañado.
Príncipe	Pues con todo cuanto os digo, vengo tan solo, que sigo la sombra de mi cuidado, que de mi amor los efetos son interior compañía,

	aunque a tenerla de día los reyes están sujetos.
Lucinda	¿Pues es de día?
Príncipe	En secretos rayos del Sol para mí, que en vuestros ojos le vi.
Lucinda	¿En fin, estáis solo?
Príncipe	Amor está conmigo.
Lucinda	Mi honor me obliga que os hable así.

(Salen don Diego y Lope, de camino.)

Don Diego	Las postas fue muy bien hecho que a la puerta se quedasen.
Lope	Sí, pero no que llegasen a las horas que sospecho.
Don Diego	¿En qué lo ves?
Lope	En no ver tienda abierta en Zaragoza, mesón de huésped ni moza.
Don Diego	No sé qué habemos de hacer, que no me está bien llegar con alboroto.

Lope	No siento
lo que es el alojamiento
pero quisiera alojar
la panza si hubiera dónde.
Don Diego	Eso es imposible ya.
Lope	La noche ¿qué no podrá?
Todo lo encierra y lo esconde.
Don Diego	Llaman ausencia del día
a la noche.
Lope	Bien dijeron,
pues sus sombras se atrevieron
a la falta que él hacía.
Don Diego	El silencio y soledad
de la noche son efetos.
Lope	Pasteleros recoletos
son los de aquesta ciudad;
sustento tan socorrido
no se había de esconder
hasta el alba.
Don Diego	Si comer
quieres de lo que he traído,
lope, aquí en la faltriquera,
eso puedo darte.
Lope	¿Y es?

Don Diego	Confites.
Lope	No me los des; ¡Pesar de un pie de ternera con un ajo castellano! ¿Yo confites? ¿Soy ardilla?
Don Diego	Mira que son de Castilla.
Lope	¡Oh confitero inhumano! Cómalos un gran señor después de treinta capones por quitar imperfecciones al gusto con limpio olor.
Don Diego	Lo dulce es muy alabado.
Lope	Pues que lo coma el Sofí; un capitán conocí que no recibió soldado que supiese que en su vida comió confites.
Don Diego	¿Por qué?
Lope	Porque se sabe que fue siempre superflua comida, femenil y delicada, y un soldado ha de comer sierpes, y a falta, morder las manzanas de la espada.
Don Diego	Hartos veo y harto honrados que porque espadas no tienen

	no las comen.
Lope	Esos vienen
con servicios desdichados;
pero cuando el tiempo es tal
aunque en dichosos imperios,
que coman de monasterios
tenlo por mala señal;
algunos hombres dejaron
en testamentos que hicieron
raciones con que vivieron
a perros con quien cazaron;
soldado has sido no más,
durmamos, si hay dónde.
Don Diego	Aquí
hay un portal.
Lope	Yo por ti
me pesa, que en fin estás
a buena cama enseñado;
yo, medio galgo y medio hombre,
tengo diez de gentil hombre
y en pie me duermo arrimado.

(Arrimados don Diego y Lope.)

(Salen don Bernardo, Ramiro y Febo.)

Don Bernardo	Cuando os hiciere señal,
los dos acometeréis;
y mirar que le apretéis,
pero con destreza tal,
que jamás le toque espada.

Ramiro	Deja el cuidado a los dos.
Lope	Moscónes andan por Dios.
Don Diego	Duerme, y no pienses en nada.
Lope	Matele.
Don Diego	No hagas ruido.
Lope	Es con el diablo.
Don Diego	Callar.
Lope	Moscónes, ir a picar un hombre que haya comido.
Febo	¿Qué aguardas?
Don Bernardo	A que se vea el Conde, que ha de llegar a defenderle.
Lope	Picar con el diablo. ¿Soy jalea? ¿Soy pastel? ¿Soy manjar blanco? ¿Soy pierna de pobre?
Don Diego	Advierte que anda gente.
Lope	De esa suerte la de me fecit arranco.

Lucinda	Gente suena, y no es razón que sepan con quién habláis.
Príncipe	¿Celos del temor me dais?
Lucinda	No hay burlas con la opinión.

(Vase.)

Febo	Gente he sentido, sin duda es el Conde.
Don Bernardo	Meter mano.

(Pónense máscaras.)

Príncipe	No me recelaba en vano; si aquí el valor no me ayuda, traidores me han de acabar, que son traidores los celos.
Don Bernardo	Matarle, llegad.
Don Diego	¡Ay cielos!
Príncipe	Nadie se dejó matar.
Don Diego	Y más teniendo a su lado un hombre de bien.
Lope	Y aun dos.
Febo	De veras riñen, por Dios.

Don Bernardo   El Conde nos ha engañado.

(Huyen los tres del Príncipe y de don Diego.)

(Salen el Príncipe, don Diego, Lope y el Conde.)

Conde   ¿Qué es esto? ¡Sin que yo venido hubiere
                      al Príncipe acomete Don Bernardo!

Príncipe   Dejadlos, caballero, que me importa
                      no ser en esta calle conocido.

Conde (Aparte.)   (Gente sin duda el Príncipe ha traído.)

Don Diego   Haré lo que mandáis, pues ya sospecho
                      que de alguna persona el honor causa
                      que no acabéis la comenzada empresa.

Conde   Erré el suceso. ¡Oh industria, cuántas veces
                      resultas en más daño de tu dueño!
                      Volverme quiero, que será mi muerte
                      si me reconociesen en la calle.

Príncipe   A lo que muestra el hábito y el talle,
                      parecéis forastero, caballero.

Don Diego   En este punto llego a Zaragoza,
                      y fue dicha llegar en este punto,
                      porque sin duda os matan si no llego.

Príncipe   Téngolo por sin duda, que soy hombre
                      que sin resolución tan atrevida
                      no vinieran con máscaras de celos;

yo sirvo en esta calle a cierta dama
que su desdén encubre con su fama;
no corresponde a mis obligaciones
que dice que no quiere en opiniones
su honor; y para mí miente, pues veo
que el dueño, como veis, de su deseo
viene a matarme, siendo yo; ¿qué dudo
de hablar con vos, a quién la vida debo?
Siendo el Príncipe yo.

Don Diego   Dábame el alma
mil señas del valor de vuestra Alteza
que las tinieblas de la oscura noche
querían encubrir a mi ignorancia;
dadme esos pies mil veces.

Príncipe   Con los brazos
honrar es justo los valientes vuestros;
ya que sabéis quién soy, y que os prometo
no ser ingrato a beneficio tanto,
decidme vos quién sois.

Don Diego   Si vuestra Alteza
la palabra me da de no decirlo
hasta que estén mis cosas en estado
que puedan dar la cara descubierta,
sabrá quién soy y mis desdichas.

Príncipe   Digo
que con la obligación de vuestro amigo
si la de ser quien soy no basta, juro
detener en secreto vuestro nombre.

Don Diego   Pues en tan justa confianza, oídme.

Príncipe	Imitaré la noche en el silencio.
Lope	Y yo entre tanto en este umbral tendido quiero probar que un hombre que ha corrido la posta, y llega el parche desollado puede dormirse sin haber cenado.
Don Diego	Heroico Príncipe, en quien el alto cielo atesora las grandezas y virtudes que un real sujeto adornan; vos, que habéis de dar más nombre y excelencia más famosa a la casa de Aragón que sus insignes victorias; sabed, que para serviros soy don Diego de Mendoza, deudo de familia ilustre, de la banda verde y roja; de la montaña a Castilla vine con edad tan poca, que fui menino del Rey que hoy con su llave me honra; fue mi ejercicio la caza gran tiempo, y en las frondosas selvas mi vida más libre que el viento, rey de las ondas; allí las aves andaban de mis tiros temerosas, y las fieras de mis armas trepando las altas rocas; en la orilla del Pisuerga pasaba las tristes horas

de los juveniles días
que la mejor sangre gozan;
otras veces a la espada
negra, acompañada o sola,
enseñaba el fuerte brazo,
que tanto al que es noble importa;
víneme a hacer tan robusto,
que no volviera pelota
que yo sacara Roldán:
así volaba furiosa;
pues en las cañas la mía
de manera el aire azota,
que la tuvieran por ave
las celestes claraboyas;
en la arrugada cerviz
de los toros de Zamora
vio Valladolid mil veces
cuchilladas tan airosas
que las arenas sangrientas
alcanzaron con la boca
como otras veces la yerba
del Duero en la verde alfombra;
no sabía en este tiempo
si amor era pena o gloria,
si era alegría o tristeza,
si era descanso o congoja,
si era voluntad o fuerza,
si era antídoto o ponzoña,
si era enemigo o amigo,
si era fábula o historia;
pero por tomar venganza,
si de los libres la toma,
previno el arco, imitando
la que a ninguno perdona:

nació un Príncipe en Castilla,
en cuyas fiestas dichosas
una sortija mantuvo
el claro marqués de Astorga;
salí galán de encarnado,
con mil armiños por orla,
toldo el campo del vestido
narcisos de plata bordan;
blanco un hermoso caballo
que de la clin a la cola
pienso que estuvo del arte
naturaleza envidiosa;
llamábase Pensamiento,
nombre que su intento abona,
porque en la color y el vuelo
pensó que era garza hermosa.
dábanle mayor belleza,
aunque era extremo de todas,
guarniciones encarnadas
llenas de perlas y aljófar.
Llevé en un dorado carro
con una palma y corona
a la libertad triunfando
del amor, las flechas rotas.
Atados iban los celos
con la ausencia peligrosa,
el desprecio y el desdén
con grillos y con esposas.
ganele al mantenedor
por mejor lanza una joya;
dila a una dama del Rey
de la casa de Cardona;
agradeciome otro día
el servicio, y de una y otra

palabra fue amor trazando
su venganza rigorosa.
Tracé escribirla un papel,
no porque el amor le nota,
mas por parecer discreto,
que hay arrogancias en prosa.
Respondiome y fue creciendo
la amistad, hasta que toda
el alma, hasta allí cobarde,
en el mar de amor se engolfa.
Apenas vine a quererla,
cuando de ella se enamora
nuño de Zúñiga, un hombre
de grande y gentil persona,
trece del Orden ilustre
de la insigne espada roja,
hombre estudioso en la guerra,
pirro en Grecia, Héctor en Troya.
Los celos que llevé a todos,
el amor desaprisionan
tanto, que estuve a sus pies.
Así se truecan las cosas.
Cayósele del marfil
de la mano a esta señora
en un jardín cierto día
un guante cogiendo rosas.
Corrimos juntos yo y Nuño
a alzarle; su furia loca
fue tal, que me derribó
sobre una fuente, que agora
no mormurará de mí,
como a ver el campo corra,
adonde sus vidrios puros
trocó por sangrientas olas.

El Rey volvió la cabeza,
la risa le fue forzosa,
los deudos se alborotaron,
solo amor no se alborota.
fuime, y escribile a Nuño,
que le espero a las diez horas
en el prado de la Santa,
que a serlo a tantas provoca.
vino Nuño y vino solo,
y apenas miró mi sombra,
cuando sacando la espada
la capa en el brazo dobla.
Contarte aquesta pendencia,
era aguardar que la aurora
se hallase donde te cubres
de la noche perezosa.
Basta saber que a los brazos
llegamos, porque socorra
mi honor, derribando a Nuño,
caída tan afrentosa.
Maté a Nuño con la daga,
por donde faltó una cota
que traía, y con mis celos
murió también mi deshonra.
Por tomar mi capa entonces,
tomé la suya; responda
por mi turbación el caso,
donde más ánimo sobra.
fuime a la cena del Rey,
por disimular; mas viola
con la cruz dos o tres veces:
yo, por ver que mira y nota,
bajo los ojos, y veo
la capa de Nuño, y gotas

                    de sangre por muchas partes;
y allí la cruz, de la forma
que en las esquinas la ponen
para trágica memoria
en letras que de ella informan:
«Aquí mataron a un hombre»,
que era probanza notoria.
viendo la inquietud del Rey,
con turbación vergonzosa
cubrí la cruz a las hachas
que ya alumbraban todas:
y antes que el Rey se acostase,
camino de Zaragoza
tomé la posta, que salva
mejor que el ruego la posta.
Llegué donde tengo a dicha
que a un mismo tiempo conozcas,
mi historia de mis palabras.
Y mi valor de mis obras.

Príncipe   Don Diego, no pudiera encarecerle,
si no pensara ser agradecido,
el gusto que me ha dado conocerte
y el ver que a nuestro reino hayas venido;
mi obligación de esta verdad te advierte,
y el ser quien soy; y así, te ruego y pido
vengas conmigo, que es gastar razones
principios de negar obligaciones.
dos hijos tendrá el Rey, y yo un hermano

Don Diego   Señor, perdonaréis mi atrevimiento,
que aquí no he de ser visto de hombre humano,
porque me importa cierto pensamiento.

Príncipe	¿Qué dices?
Don Diego	Que me deis, Señor, la mano; porque en amaneciendo, daré al viento velas en postas por el mar airado de mi temor, que corre más sagrado; que aunque es verdad de vos seguro fuera, no quiero que los deudos, grandes todos, de Nuño, busquen la ocasión primera para matarme con injustos modos. Es la venganza bárbara tan fiera, que los ejemplos griegos, persas, godos, romanos y españoles, con mil voces muestran al que agravió casos atroces. Yo me quiero partir a Barcelona, y de allí a Italia, con licencia vuestra.
Príncipe	Pues para estar secreto, ¿no me abona sino el poder la diligencia nuestra? Para solo esconderse tu persona de la venganza en invenciones diestra. ¿No tendrá Zaragoza mil sagrados? ¿No hay guardas, no hay defensas, / no hay soldados?
Don Diego	No niego que pudieras defenderme; pero para mejor asegurarme me importa de las lenguas esconderme, que pueden con las plumas declararme: si me has de hacer merced, si quieres verme, déjame a mí de mi temor guardarme, que en Zaragoza viviré escondido sin ser de ningún hombre conocido.

Príncipe	¿Pues cómo te veré, si ya obligado, tu amigo soy?
Don Diego	En este mismo puesto todas las noches.
Príncipe	Quedo confiado que tu palabra cumplirás en esto.
Don Diego	Seguro puedes ir.
Príncipe	Llama al criado.
Don Diego	¿Lope? ¿Ha Lope?
Lope	¿Qué necio tan molesto despierta a los cristianos a esta hora?
Don Diego	Mira que sale ya la blanca aurora.
Lope	¡Oh pesia a los poetas que inventaron aurora o calabaza! ¿No pudieran pasarse sin su aljófar?
Don Diego	Mira, loco, que está su Alteza aquí.
Lope	Perdona al sueño que suele ser de los sentidos dueño.
Príncipe	Venga conmigo Lope, porque quiero que no le falte en Aragón dinero.
Don Diego	Los dos hasta la puerta de palacio

	iremos siempre que a este calle vengas; pero pasar de allí, no lo permitas.
Príncipe	No sé qué pensamientos solicitas.
Lope	Déjame a mí tomar, si tú no quieres.
Don Diego	Deja, Lope, el tomar a las mujeres.
Lope	Bien dices, tomaré por tu consejo, pues la necesidad está excusada, con ser mujer buscona y pedigüeña, que expuso en escribir y en pedir dueña.

(Salen doña Leonora y don Bernardo.)

Leonora	Esta noche no ha venido el Conde, mi hermano.
Don Bernardo	Ha dado en celoso y desvelado de cierto desdén perdido.
Leonora	No me puedo persuadir que mi hermano quiera bien.
Don Bernardo	Yo lo pensaba también; mas no puedo atribuir su inquietud si no es a amor.
Leonora	El del Príncipe será.
Don Bernardo	Ese bien pagado está de su privanza y favor.

Leonora	¿Y vos soisle muy fiel?
Don Bernardo	No sé, Leonora; por Dios, querría privar con vos, ya que no privo con él.
Leonora	Yo estimo, como es razón, los amigos de mi hermano.
Don Bernardo	No lo diré yo, que en vano tuve un tiempo esa opinión.
Leonora	Él viene.

(Sale el Conde.)

Conde	Agora diré que amanece, pues aquí hallo a Leonora.
Don Bernardo	¿Y de mí qué es lo que diré?
Conde	No sé, mientras que no os hablo aparte; pues ya debéis de saber que para echarme a perder vos solo fuérades parte.
Don Bernardo	¿Si vi por la esquina gente, qué había de imaginar?
Conde	¿Si yo no os llegaba a hablar,

	no fue cosa impertinente arrojaros de aquel modo?
Don Bernardo	Ya es hecho, ¿qué se perdió? Demás, que imagino yo que fue prevenido todo, y que el Príncipe tenía criados, y tan honrados, que han herido a mis criados; pues uno entre ellos venía, que desde que yo nací no he visto mejor espada.
Conde	En la ocasión más honrada crédito y honor perdí. volvamos a hablar, Bernardo, a Leonora, que no es bien que nos entienda; pues quien anoche fue tan gallardo supo gozar la ocasión. Pues, Leonora, ¿qué has pensado de verme tan desvelado?
Leonora	Qué ajenos cuidados son; y si ya a decir verdad, menos dentro te querría, que el descanso no se fía tal vez de la majestad.
Conde	Yo sirvo, y debo servir con lealtad.

(Sale Liseo.)

Liseo	Aquí ha llegado un hombre harto bien tratado, y que acaba de venir de Castilla.
Conde	¿Qué me quiere?
Liseo	Darte una carta.
Conde	Entre, pues.

(Salen don Diego y Lope.)

Don Diego	Dadme, Señor, vuestros pies.
Lope	Aquí será bien que espere.
Don Diego	Del Almirante, Señor, es esta carta.
Conde	Mostrad.
Don Diego	Yo he venido a esta ciudad en fe de vuestro favor: deme vuestra señoría los pies.
Conde	No estéis de ese modo.
Lope (Aparte.)	(¡Oh qué bien que se hace todo lo que la fortuna guía!)
Conde (Lee.)	«A don Juan de Guzmán, mi camarero, por no casarse desigualmente, le fue forzoso dejar a Castilla. Pidiome

esta carta con deseos de servir a vueseñoría, a quien suplico honre en su casa con el oficio que fuere servido, pagándole a él esta voluntad, y a mí la confianza con que se lo suplico.»

¿Sois vos don Juan de Guzmán?

Don Diego
Sí, Señor.

Conde
          Aquí tendréis
mi casa, que merecéis
mayores cosas, don Juan,
por vuestra misma persona,
sin otro ajeno favor.

Don Diego
No en balde, invicto Señor,
por luz de aquesta corona
allá os publica la fama.
Ni quiero yo más honor
que servir tan gran Señor.

Conde
¡Hola! al mayordomo llama,
y haz que le den aposento
conforme a su calidad.

Don Diego
Señor, a tanta humildad
vos le dais merecimiento.

Conde
Hermana, yo voy a ver
si el Príncipe se levanta.

Don Diego
No podré yo merced tanta
en mi vida agradecer,
ni a mi fortuna ni a vos.

(Vanse el Conde y don Bernardo.)

Lope ¿Hizo la carta fingida
efecto?

Don Diego De nuestra vida
está el remedio en los dos.

Leonora ¿Don Juan?

Don Diego ¿Señora?

Leonora Escuchad.
¿En la corte habéis vivido?

Don Diego Allí, Señora, he servido
la flor de mi verde edad,
aunque sirviendo se goza
lo poco que ya sabéis.

Leonora ¿Quién duda que conocéis
a don Diego de Mendoza,
un caballero, sobrino
del duque del infantado?

Don Diego (Aparte.) (Confieso que me he turbado.)

Leonora ¿Qué estáis pensando?

Don Diego Imagino
la causa por qué queréis
saber de ese caballero.

Leonora	Hay aquí cierto escudero, que vos no le conocéis, que en Castilla le servía; este en cualquiera ocasión habla con tanta pasión de su talle y valentía, que al principio me cansaba y después me aficionó.
Don Diego	¿Y está aquí?
Leonora	Ya se partió a una aldea, donde estaba por dueño de una heredad que mi hermano tiene allí.
Don Diego	¿Oyes esto?
Lope	Señor, sí.
Leonora	Quiero saber si es verdad lo que cuenta de don Diego este escudero.
Don Diego	Señora, a quien preguntáis ahora, está de su amor tan ciego, que os dirá cosas extrañas; pero para que creáis que a todos cuantos habláis os alaban sus hazañas, llamad ese criado mío, hombre del vulgo, y veréis las cosas que dél sabéis.

Leonora	Aunque de vos las confío, holgaré de hablar con él para tener más testigos.
Don Diego	¿Nuño?
Lope	¿Señor?
Don Diego	Mi Señora te quiere hablar.
Lope	Ya subimos desde el caballo al estrado.
Leonora	¿Nuño?
Lope (Aparte.)	¿Señora? (¿Qué obispo me confirmó? ¿No era yo lope no ha un hora?)
Leonora	He querido preguntarte, si es verdad, por mil cosas que me han dicho, si don Diego de Mendoza...
Lope	¿Qué es esto?
Leonora	Advierte: ¿el sobrino del duque del Infantado es el más galán que ha visto castilla, y el más valiente caballero que ha tenido granada, y el más amado

      de las damas?

Lope
        En mil siglos
no ha visto el tiempo algún hombre
de más partes: si Narciso,
como las fábulas dicen,
se enamoró de sí mismo,
y en el cristal de tus ojos
se viera don Diego, digo,
que fuera verdad y historia,
no porque don Diego es lindo;
mas porque del pie al cabello
naturaleza le hizo
hombre sin defecto alguno;
solo dicen que era tibio,
mujeres que despreciaba.
Esto no puedo decillo,
porque casos semejantes
no son como otros delitos,
que aquí verán las preñadas...

Leonora No eres necio.

Lope
       Ha días que sirvo
con hambre y necesidad.

Leonora ¿Don Juan, tu amo, no es rico
conforme a su calidad,
y a las prendas de su oficio?

Lope No, Señora.

Leonora
        ¿Pues por qué
siendo tú ingenioso y vivo,

no le buscas?

Lope   Ya se ofrecen
algunos mancebos ricos,
pero más quiero a don Juan
pobre con tan buen juicio,
que sufrir un ignorante.
Oye un cuento... Mas ¿qué digo?
Ya se acabaron los cuentos,
que como algunos divinos
de oír estudios ajenos
están cansados y ahítos,
no quieren cuentos; ya dicen
que les den concetos vivos,
y pásensele por alto
tantos sutilmente escritos;
que he visto yo cierta pluma
borrar lo que está bien dicho,
temiendo que no ha de ser
de estos sabios entendido.
verdad es que lo son muchos
que escuchan agradecidos:
que como sabios entienden,
perdonan como benignos,
defienden como hombres nobles,
favorecen como amigos,
disculpan como quien pueden
errar; que todos nacimos
hombres, y no siempre el hombre
es tan fénix en su oficio,
que no pueda errar en algo;
pues en el cielo empíreo
hubo yerros en criaturas,
que Dios tan hermosas hizo,

hasta que los confirmó
en gracia que no tuvimos
confirmada, los que andamos
en el cielo peregrinos.
volviendo, en fin, a don Diego
de Mendoza, de él te afirmo
que no ha nacido en Castilla
caballero tan bien quisto.
don Diego no es de los hombres
que hablando con artificio,
a quien los escuchan matan
con vocablos exquisitos.
Tiene un claro entendimiento,
fundado, libre, distinto
del vulgo, con que a quien habla
agrada en términos lisos.
Las galas se aprenden de él,
no impropias, porque vestido
con igualdad, deja al cuerpo
lugar al honor y al brío.
Tiene en la guerra y la paz,
señora, tal ejercicio,
que con las armas es Marte
y con las galas Narciso.
Puesto a caballo, parece
de los que un tiempo los indios
pensaron que eran un cuerpo,
así van los dos unidos.
dirás que el caballo tiene
brazos de hombre, y, por lo mismo,
que el hombre pies de caballo,
que no son cuerpos distintos.
Y así entiende el animal
quien va en él, que piensa altivo

                                que ya es hombre y no caballo
y ser de un parto nacidos.
¿No has oído que en el cielo
hay una figura o signo
que se llama Sagitario?
Pues es su retrato al vivo.
¡Ay del toro que probar
su espada atrevida quiso!
La cerviz con cuera de ante
es como armarse de vidrio.
Pero ¿para qué te canso
con rudo ingenio atrevido
a las partes de don Diego?
Forme tu ingenio divino
un hombre en su entendimiento
a prueba de los sentidos,
que ese es don Diego, y quien es
de tales pinceles digno.

Leonora   Más ciegos estáis los dos
                      de la afición de don Diego,
(Aparte.)   Que quien yo dije. (Amor ciego,
¿Cómo sois monstruo y sois Dios?
¿Que pueda tanto la fama
de un hombre, y la inclinación
de las estrellas, que son
la mayor fuerza en quien ama?
¿Que quiera lo que no vi,
y que le pinte de modo
que le mire el alma todo
y esté retratado en mí?
¿A quién habrá sucedido
cosa más noble y extraña?
La imaginación engaña

	al amor, y él al sentido.
	Con esto tengo a ventura
	que sirva al conde don Juan,
	que él y Nuño me dirán
	esto que el alma procura.
	Con ellos descansaré
	de este pensamiento loco.)
Don Diego	¿Lope?
Lope	¿Señor?
Don Diego (Aparte.)	(Yo sé poco,
	o aquí hay amor.)
Lope	Y yo sé
	que la fama bachillera,
	que es como los habladores
	que hacen las cosas mayores,
	te ha pintado de manera
	que aquesta mujer te adora.
Don Diego	¡Por cuán extraño camino
	trae a un hombre su destino,
	como a mí me trajo ahora!
Lope	¿Qué piensas hacer en esto?
Don Diego	Lo que quisieren los hados,
	que no quieren ser osados
	en lo que tienen dispuesto.
	Ya que vivo en Aragón
	y con el conde de Urgel,
	haré sagrado con él

| | a tanta persecución;
              y con Leonora, su hermana,
              de doña Ana a la belleza. |
|---|---|
| Lope | ¿No hizo naturaleza
         más belleza que en doña Ana?
         ¿Qué falta a doña Leonor? |
| Don Diego | Tienes razón; mas si aquí
              soy su criado, ¿de mí
              cómo ha de entender mi amor? |
| Lope | El tiempo te ha de enseñar
         el modo que has de entender. |
| Don Diego | Pues si el tiempo lo ha de hacer,
              demos al tiempo lugar. |
| Leonora | ¿Don Juan? |
| Don Diego | ¿Señora? |
| Leonora | Si acaso
            puede tu conocimiento,
            buscando alguna ocasión,
            escribir a este don Diego,
            ¿No vería yo siquiera
            carta y letra suya? |
| Don Diego | Tengo
              con él tan grande amistad
              que voy a escribirle luego;
              porque al despedirme de él
              me dijo: «En llegando, os ruego |

	que me escribáis a Castilla vuestra salud y sucesos.»
Leonora	Para más seguridad, haz que lleve Nuño el pliego, que yo le daré en que vaya con regalo y con dineros.
Lope (Aparte.)	(¿Qué te dice?)
Don Diego	¿Quieres tú que vaya a escribir?
Leonora	Deseo... Si te digo la verdad... Que los dos...
Don Diego	Prosigue.
Leonora	Temo...
Don Diego	Caballero honrado soy.
Leonora	Pues porque eres caballero te digo, que si por ti comunicarnos podemos don Diego y yo, serás tú mi secretario, y mi pecho y el dueño de cuanto soy.
Don Diego	Tú, Señora, eres mi dueño.
Leonora	Ve a escribir.

Don Diego Voy.

(Vase.)

Leonora Nuño, escucha.
¿No irás, por servirme en esto,
con diligencia a Castilla?

Lope Señora, iré tan ligero,
que parezca que es pesado,
si corre a mi lado el viento.
demás, de que ir a Castilla
es de mi gusto, el provecho
de servirte estimo en tanto,
que a ser cometa me atrevo
que encendida en Aragón
llegue a Castilla tan presto
que apenas los que caminen
vean por el aire el fuego.

Leonora ¡Ay, qué olvido!

Lope ¿Cómo olvido?

Leonora ¿No fuera bien que primero
le preguntara a don Juan
si está casado don Diego?

Lope ¿Pues eso no lo sé yo?

Leonora ¿Cómo?

Lope En cierto casamiento
ha tenido diferencias

	con algunos caballeros,
	y aun creo que a uno hirió.
Leonora	¿Luego no se hizo?
Lope	Pienso
	que por celos lo ha dejado.
Leonora	¡Ay, Nuño, amigo, si hay celos
	no puede ser sino amor!
Lope	Yo pienso que eran conciertos;
	porque nunca oí decir
	que amase a nadie don Diego.
Leonora	¿Por qué?
Lope	Porque fue de todas
	tan amado, que sospecho
	que traía en la elección
	confuso el entendimiento.
Leonora	¿Engáñasme?
Lope	No por Dios.

(Sale don Diego.)

Don Diego	Ya escribí.
Leonora	Lee.
Don Diego	Ya leo.

«Hoy he llegado a Aragón,
y hoy, señor don Diego, escribo,
que para serviros vivo
en tanta persecución.
La carta del Almirante
ha sido tan efectiva,
que me holgaré que le escriba
otra al Conde, semejante,
en justo agradecimiento,
porque ya en su casa estoy,
donde por extremo estoy
honrado, alegre y contento.
háceme merced su hermana,
la más hermosa señora
que ve el Sol en cuanto dora
y más divina que humana.
Por fama, os hace favor,
que tiene de vuestros hechos,
que vos, en remotos pechos
alcanzáis prendas de amor.
Escribilda, que me importa
que me ayude y favorezca,
porque con ella merezca
favor mi ventura corta.
Que por dicha me darán
mas bien los reinos extraños.
dios os guarde muchos años.
de Zaragoza, don Juan.»

Leonora   Ella está á mi gusto; y tanto,
que como discreto has hecho
un traslado de mi pecho.
Nuño, ya te he dicho cuanto
me importa la brevedad;

	cierra tú, y él se aperciba.
Don Diego	Yo haré que don Diego escriba.
Leonora	Si es ciega la voluntad, bien se ha probado en mi amor, pues quiero lo que no veo.

(Vase.)

Don Diego	¿Qué te parece?
Lope	Que creo, que es tu remedio, Señor.
Don Diego	Tú estarás en mi aposento, solo de noche saldrás.
Lope	En fin, ¿tú responderás?
Don Diego	Responder también intento, hasta ver en lo que para.
Lope	¿Y si te obliga a escribir que vengas aquí?
Don Diego	Venir.
Lope	En lo que dices repara.
Don Diego	¿No hay noche?
Lope	A su negro coche nombre de capa le dan.

Don Diego   Seré de día, don Juan;
              seré don Diego, de noche.

              Fin de la primera jornada

Jornada segunda

(Salen el Príncipe y Lucinda.)

Lucinda ¿Cómo se entró vuestra Alteza?

Príncipe Como no hay puerta al poder.

Lucinda ¿Violencia se puede hacer
al honor y a la nobleza?

Príncipe Lucinda, menos airada,
no te olvides de quién soy.

Lucinda No haré, Señor; pero estoy
más a mí misma obligada.
Si yo supiera el criado
que esta noche se atrevió
a meterle aquí...

Príncipe   Y si yo
fuera de tu amor pagado,
no hicieras los desatinos
que ves: tú la culpa tienes
que yo intente a tus desdenes
mil maneras de caminos.
La noche me favorece,
y tú, que eres Sol y día,
me matas, Lucinda mía.

Lucinda Siempre, Señor, que anochece
está temblando mi honor
de vuestro grande poder.

Príncipe	¿Qué daño te puede hacer mezclado con tanto amor? Ocho días hay, y aun más, que no he llegado a tus rejas; pues dime, ¿de qué te quejas, si de mi poder lo estás? Sabe Dios cómo he pasado estos días que te digo, si no es amor buen testigo de mi celoso cuidado. Por ti me quieren matar; quien te sirve a amor te mueve, que quien a su Rey se atreve, mucho te debe de amar. Perdónole, porque creas lo que me debes.
Lucinda	Señor, trata mejor de mi honor si hacerme merced deseas, que quien no te quiere a ti, ¿A quién tendrá voluntad?
Príncipe	Si me dices la verdad, cesará mi amor en mí, por vida del Rey mi padre, de casarte con él luego.
Lucinda	Señor...
Príncipe	Haz lo que te ruego, que no hay medio que me cuadre como saber que a otro quieres. de todo le doy perdón.

Lucinda	¡Oh cuánto en crédito son desdichadas las mujeres! Por vida de vuestra Alteza, que no me he visto en mi vida de otra persona querida.
Príncipe	¿Pues por qué tanta aspereza?
Lucinda	Ya he dicho que por temor; que si va a decir verdad, le he tenido voluntad desde que me tuvo amor.
Príncipe	¿Qué escucho? ¿Eres tú, Señora, quien eso dice? ¿Soy yo quien esto a tu boca oyó?
Don Fernando (Dentro.)	¿Gente en mi casa a tal hora? Criados, salir, matadle.
Lucinda	Mi padre y su gente.
Criados (Dentro.)	¡Muera!

(Sale don Fernando con una alabarda, y tres criados con las espadas desnudas; y por otra parte don Diego con Lope.)

Don Diego	No pienso esperar afuera que no dan voces de balde. defendeos, Señor, que aquí está don Diego.
Lope	Y su sombra.

Don Fernando	Matadle si no se nombra.
Príncipe	No hay nombre, desdicha sí.

(Acuchíllanle, y al entrarse cogen por detrás a Lope.)

Criado	¡Bravo valor!
Don Fernando	Los que entraron le han dado la vida.
Criado	¡Tente!
Don Fernando	¿Que esto en mi casa se intente?
Lope (Aparte.)	(En buen puerto me dejaron.)
Criado II	¡Suelta la espada!
Lope	Eso no. ¿Hay aquí algún caballero? Porque rendirla no quiero a menos noble que yo.
Don Fernando	Dámela a mí.
Lope	¿Pues quién eres?
Don Fernando	Don Fernando de Aragón. ¿Estos quién son?
Lope	¿Los que son saber de mi lengua quieres?

                    Haz cuenta que del tirano
                    de Sicilia los tormentos,
                    los Perilos y Agrigentos,
                    los de Tiberio romano,
                    los caballos Diomedeos
                    y las penas infernales
                    das a mis brazos leales;
                    que no podrán tus deseos
                    saber quién son, ni acabar
                    que a vuestra fuerza me rinda.

Don Fernando   Yo lo sabré de Lucinda;
                    y mientras la voy a hablar,
                    altadle muy bien, que yo
                    sabré si podrá el castigo.

(Vase.)

Lope   Que será imposible os digo,
                    porque sabed que me dio
                    su dureza la montaña
                    donde nací.

(Átanle.)

Criado II   Tú dirás
                    más que sabes.

(Vase.)

Lope   No sé más
                    de que fue desdicha extraña
                    el caer en vuestras manos.

Criado I   Él queda atado muy bien.

(Vase.)

Lope   Cuantos tormentos me den
                han de ser remedios vanos.
                Solo estoy; y, en fin, sujeto
                y atado; a cualquier traición;
                ¿qué he de hacer? ¡Brava ocasión
                para decir un soneto!
                Pero no, que enfadan ya
                a la gente discretera;
                pues ¿qué haré de esta manera?

(Sale Flora.)

Flora   Atado dicen que está
                uno de aquellos traidores.

Lope   ¡Ah, Señora! ¡ah, reina mía!
                Oye.

Flora   ¿Quién es?

Lope   Quien venía
                por sombra de estos amores;
                cogiéronme y hanme atado.

Flora   Pésame, que a mi Señora
                también la maltrata agora
                sin razón su padre airado.
                Ten fuerte, y no digas que es
                el Príncipe.

Lope   ¿Luego sabes quién es?

Flora   Y cosas más graves.

Lope   Pues ruégote que me des libertad.

Flora   Será mi muerte.

Lope   ¿Pues cómo se ha de saber?

Flora   ¿Quién eres?

Lope   ¿Quién puede ser quien viene de aquesta suerte con un Príncipe?

Flora   Es verdad, que el Príncipe no trajera a su lado, quien no fuera persona de calidad.

Lope   Llega y huéleme.

Flora   No hueles muy bien.

Lope   Es ventoso el miedo; pero asegurarte puedo muy bien, si de mí te dueles, que me casaré contigo.

Flora   ¿Qué me dices?

Lope	¿No es mejor que morir?
Flora	¿Habla el temor?
Lope	Lo mismo que dices digo; pero yo lo juro así, y así lo prometo al cielo.
Flora	Que me has de engañar recelo, si no hay calidad en mí; aunque te juro que soy hidalga, y sobre un hidalgo todo viene bien.
Lope	Si salgo de este peligro en que estoy, y aqueste rigor amaina, seré tuyo.
Flora	Ya te creo: ¿Tu nombre?
Lope	El conde de Argeo.
Flora	¿A dónde cae?
Lope	Junto a Hanaina.
Flora	Yo te desato.

(Desátale.)

Lope   Harás bien.

Flora   Ya lo estás.

Lope   ¿Podré salir?

Flora   Conmigo puedes venir,
                           que yo te abriré también.

Lope   De hoy más quiero que te nombres
                           mi mujer.

Flora   Mi esposo eres.

Lope   Siempre han sido las mujeres
                           el amparo de los hombres.
                           de ellas, en efecto, nacen,
                           ¿Pues quién las puede argüir,
                           pues por solo por parir
                           hacen todo lo que hacen?

(Vanse.)

(Salen el Príncipe y don Diego.)

Príncipe   Si de Alejandro la alta monarquía
                           heredase, don Diego, y te la diese,
                           alguna parte de la deuda mía
                           es imposible que pagar pudiese;
                           pues cuando el beneficio de este día
                           en la balanza del amor pusiese,
                           con tus hechos de gloria y fama llenos
                           no dudo que pesase el mundo menos.
                           ¿Adónde estabas tan a punto cuando

	en un peligro tal pudiste verme? Pues sin duda su gente y don Fernando me pudieran matar sin conocerme. Más, ¿qué te está mi dicha preguntando, ni para qué dilato el ofrecerme mil veces por tu esclavo?
Don Diego	Señor mío, de quien mi vida y mi remedio fío, las noches que has faltado de esta puerta yo he sido centinela en sus umbrales, donde apenas he visto reja abierta ni sospecha de otro amor señales. Mi buena suerte aquesta noche acierta a verte entrar, y con recelos tales púseme cerca y a las voces llego.
Príncipe	Dame esos brazos otra vez, don Diego, y hazme tan grande bien que no dilates más tu presencia al día en que te vea, pues ya no es tiempo que esconderte trates, lo que mi justa obligación desea.
Don Diego	Aunque con tantas fuerzas me combates y ya mi amor en ti la suya emplea, lo ha de ser que te niegue lo que pides, porque mi bien y mi remedio impides. Perdona, gran Señor, y ten paciencia hasta que de Castilla tenga aviso.
Príncipe	Siente, don Diego, amor tu resistencia, y estoy entre mil cosas indeciso.
Don Diego	Yo voy haciendo cierta diligencia

	en la desdicha que ponerme quiso mi fortuna cruel; si presto viene, verás con luz quien ya por Sol te tiene.
Príncipe	¿Pues dónde estás de día?
Don Diego	En una casa de posadas estoy, hasta que Febo en nubes de oro al occidente pasa, bordando las de allá resplandor nuevo.
Príncipe	¿Tienes regalo?
Don Diego	Y no de mano escasa, que tanto al dueño de la casa debo.
Príncipe	Envidio su ventura.
Don Diego	Y yo envidiara la mía, si este bien en otro hallara.
Príncipe	Quiero darte una joya que traía para Lucinda, aunque es pequeño el precio, que veinte mil escudos este día pienso que son de tu valor desprecio.
Don Diego	Fuera no la tomar descortesía; y en opinión de un rey quedar por necio. Beso tus pies mil veces.
Príncipe	Si quisieras diverso premio de mi amor tuvieras. ¿Qué miras? ¿En qué estás tan divertido?

Don Diego	Lope, Señor, es un leal criado, en la montaña donde yo nacido, y ver que no salió me da cuidado.
Príncipe	A desdicha tendré si le han herido, y mayor si quien soy ha declarado.
Don Diego	De eso estoy yo seguro, aunque le hicieran pedazos a tormentos que le dieran; y así, Señor, suplico a vuestra Alteza me dé licencia que a buscarle vaya, que fuera ingratitud a mi nobleza, aunque mil suertes de peligros haya.
Príncipe	Es justa obligación y gentileza; mas ya que mi secreto está en la playa, será volverle al golfo en que se anegue.
Don Diego	Un hombre viene aquí.
Príncipe	Si es solo, llegue.

(Sale Lope.)

Lope (Aparte.)	(Famosamente escapé, por manos de Flora hermosa, de la prisión rigorosa donde ser muerto pensé. Con el Príncipe se iría don Diego. Gente hay aquí esta noche anda tras mí suelta la desdicha mía. Ellos son dos: si me muestro cobarde, me han de matar;

	ahora bien, quiero trazar
	esta pendencia a lo diestro;
	pero valga industria aquí,
	que fue siempre lo mejor.
	Estos llegan con rigor
	metiendo mano hacia mí.
	El tirar la capa pruebo
	con la izquierda; aquel que encapo,
	como los ojos le tapo,
	de una estocada le llevo.
	¿Pues cuerpo a cuerpo el que queda,
	quién me le puede quitar?)
	¡Ah, hidalgos! ¿podré pasar?
(Aparte.)	(Olor hay y cruje a seda.
	Consolado estoy; no es gente
	de rapis, rapis.) ¿Qué digo?
	¿Pasaré?
Príncipe	¿Quién es?
Lope	Amigo,
	y si quisiere, pariente.
Don Diego	Pase o no pase.
Lope (Aparte.)	(Mal año;
	¿Pase o no pase? ¿qué haré?)
	si me dejan, pasaré
	sin hacerles mal ni daño,
	y si no...
Príncipe	¿Qué babéis de hacer?
Lope	¿Qué tengo de hacer? volverme.

Don Diego	¿Es Lope?
Lope	¿Señor?
Don Diego	Hacerme no pudo mayor placer y lisonja la fortuna. Mira que está aquí su Alteza.
Lope	A los pies de tu grandeza, que ya de esta noche es Luna, está Lope de Vivar.
Príncipe	¡Ay Lope! ¿qué ha sucedido?
Lope	A la cama de su olvido se quiere entrar a acostar la noche, porque el mongil de bayeta dobla ya, y coronando se va moncayo de oro y marfil. Por el camino diré la ventura que he tenido, que he estado preso.
Príncipe	No ha sido tu dicha, la mía fue. vamos, don Diego.
Don Diego	Señor, la vida es poco ofrecerte.
Lope	Tragada tuve la muerte;

	mas nunca tuve temor.
Príncipe	Lope, en aqueste bolsillo llevas doscientos doblones.
Lope	Ríndante varias naciones tanto metal amarillo, que puedas, Señor, dorar los muros a Zaragoza.
Don Diego	Lope, quien tal dueño goza, ¿Qué tiene que desear?
Lope	Verte en descanso no más.

(Vanse.)

(Salen el Conde y Leonora.)

Conde	Declarado se ha conmigo, don Bernardo, de este modo.
Leonora	No es de discretos que todo lo sepa el mayor amigo; algo se ha de reservar.
Conde	Fue forzoso descubrille mi pecho, para pedille que me quisiere ayudar.
Leonora	Nunca con arte pretendas del Príncipe la amistad, ni la propia voluntad con industria impropia ofendas.

| | Si tienes estrella, basta
para merecer su amor,
que es adúltero el valor
cuando la amistad no es casta. |
|----------|---|
| Conde | Ya te he dicho que me fue
forzoso, y que ya está hecho. |
| Leonora | Que te ha de dañar sospecho
si despreciado se ve. |
| Conde | ¿Luego no te casarás
con don Bernardo? |
| Leonora | ¿Eso dices? |
| Conde | Pues cuenta por infelices
mis pretensiones de hoy más. |
| Leonora | Con mejores pensamientos
pensé que vueseñoría
había nacido. |
| Conde | Tenía
tus altos merecimientos,
Leonora, para un señor
de Castilla, como sabes;
pero en negocios tan graves
está temblando el honor.
Sin esto, no se ha sabido
quién es el que defendió
al Príncipe, que llegó
acaso, o él lo ha fingido;
pues no habrá, pues no hay ninguno |

                        a quien haga más merced.

Leonora   Todos los hombres, creed
                        esto, sin que falte alguno,
                        os perdéis por presunción;
                        pues piensa el más ignorante
                        que no tiene semejante
                        su ingenio y su discreción.

Conde   Si yo tomara consejo,
                        no hiciera tal disparate;
                        mas del remedio se trate.

Leonora   Oye el que te aconsejo;
                        ¿El Príncipe está celoso?

Conde   Notablemente.

Leonora   Pues di
                        que es don Bernardo el que allí
                        le desvela codicioso
                        de casarse con Lucinda.

Conde   Yo lo había imaginado;
                        pero púsome en cuidado
                        que a tal agravio me rinda.

Leonora   Él ¿en esa confianza,
                        no me pide por mujer?
                        Luego remedio ha de haber
                        a su perdida esperanza.

Conde   ¿Pues cómo el Príncipe puede
                        creer que la sirve?

Leonora	Escucha, que si la sospecha es mucha a toda lealtad excede. di a don Bernardo que importa que de noche dé a entender que viene a hablarla, y a ver si el Príncipe se reporta en este amor con los celos; y que finja que está hablando por las rejas.
Conde	Voy pensando que no han formado los cielos más ingenioso animal que la mujer.
Leonora	Eso es cierto.
Conde	Hoy al Príncipe le advierto.
Leonora	Celos es pasión mortal: darate crédito luego.
Conde	Este, don Juan, mi criado, me parece hidalgo honrado, ¿Podreme de éste fiar?
Leonora	Podraslo mejor de mí; que de don Bernardo aquí ya no te puedes fiar, pues negado el casamiento es amigo sospechoso.

Conde	Voy contento, aunque dudoso, pues no es justo lo que intento.

(Vase.)

(Sale don Diego.)

Don Diego	Porque no me viese el Conde, estuve esperando afuera. Nuño llegó de Castilla con cartas y buenas nuevas.
Leonora	¿Está ahí?
Don Diego	Señora, sí.
Leonora	Pues entre, ¿qué aguardas?
Don Diego	Entra, nuño, que ya mi Señora te da licencia.

(Sale Lope con bolas y fieltro.)

Lope	Con ella, la baraja de este pliego se jugará con licencia.
Leonora	¿Nuño?
Lope	Gallarda Señora, la tierra en que pones, besa, la suela del blanco pie y pluguiera a Dios que fuera

                    de media vara.

Leonora   ¿A qué efecto?

Lope   Porque mi boca pudiera,
por mostrar más humildad,
besar gran cerco de tierra.

Leonora   ¿Qué hay de Castilla?

Lope   Que están
buenos sus Reyes, y buena
su familia, que ya sabes
esto de cum prole regia
también está con salud
y abundancia de Almatea
populo sibi comisso
su ejército y sus banderas.
hallé a don Diego en Toledo
porque vino con la reina,
que me dicen que traía
en el sagrario novenas.
holgueme; porque, en efecto,
no pasé las altas peñas
del nevado Guadarrama.
Leyó tu carta y en ella
el capítulo mil veces
en que dices que celebra
mi Señora sus hazañas,
su talle y su gentileza.
Preguntome, como mozo,
algunas; impertinencias
acerca de tu pasión.
Que yo apostaré que piensa

	que estás de él enamorada.
Leonora	No se engaña, y yo quisiera que aunque mintieras, de mí le dieras mejores señas; pero ¿qué te preguntó?
Lope	Si eras, señora, discreta; esto lo primero fue.
Leonora	¿Qué dijiste?
Lope	Que lo eras como un ángel, y añadí lo mismo de tu belleza. Preguntome si eras blanca, o picabas en morena; qué pelo, y si rizo o llano, si eras zarca u ojinegra. Qué boca, qué proporción de nariz: si era aguileña, o a si acaso a Roma iba por dispensación de necia. Qué disposición de cuerpo, qué brío, qué gentileza; yo pensé que te quería, aunque por sutil me tengas, para fuelle o abanico; porque con notable fuerza me preguntó si tenías buen aire, y dije, ¿qué señas te puedo dar de su aire, si nunca fui detrás de ella? Finalmente, él te trató...

Don Diego (Aparte.) (Él se burla.)

Lope   Como a yegua;
            pues preguntó por tus dientes,
            que es amor tal vez de albéitar.
            Yo le dije, de la boca
            son las señales más ciertas
            dos cortinas de coral
            para dos hilos de perlas.
            Tenle por necio, o por sabio,
            lo que tú quisieres sea,
            atienta aquese bolsillo:
            todo es oremus; cincuenta
            doblones de a cuatro tiene;
            esto me dio por las nuevas.

Leonora   ¿Hay tan bizarro español?
            Abre la carta.

Don Diego   Oye atenta,
            que no la he querido abrir
            sin que primero la veas:
            «De vuestras persecuciones
            por todo extremo me pesa,
            don Juan, aunque con el mismo
            de veros libre me alegra
            que el conde de Urgel os haga
            tal merced, no es cosa nueva
            al gran valor de su casa,
            de ilustrísima ascendencia.
            fuera de que vos, por vos,
            merecéis que os favorezca;
            pero dejando aparte esto

me pareció cosa nueva
que esa señora, su hermana
quiera honrar con su grandeza
mis humildades, decidle
que sus pies mil veces besa
don Diego, y que desde hoy
quiere que su dueño sea;
y que en su nombre un torneo
aquí en Toledo sustenta
de hoy en un mes, y promete
que las joyas, si le premian,
ha de enviarle a Aragón,
si le permite licencia.
Querríaos hablar más claro,
dádmela vos, que me atreva;
pues Nuño es hombre seguro,
aunque algunos no lo crean.
Ya sabéis mi calidad,
y que mejor me estuviera
esa dama en Aragón,
que en Castilla la condesa.
Solicitad ese amor,
que el que por fama comienza,
suele acabar con las obras;
que si Leonor persevera,
yo iré a verla disfrazado,
pues de noche podré verla.
Por vida vuestra, don Juan,
que la estimo como vuestra,
que me enviéis su retrato,
porque de Nuño las señas,
como conozco su humor,
nunca las tuve por ciertas.
dios os guarde muchos años,

	don Diego Mendoza.»
Leonora	Espera, quiero ver la firma.
Don Diego	Toma.
Lope (Aparte.)	(Vive el cielo que la besa.)
Don Diego (Aparte.)	(¡Que aquesto pueda la fama!)
Lope	Mejor dirás las estrellas, que bien se ve que este amor de su influencia se engendra.
Don Diego	¿Qué quieres que le responda?
Leonora	Estoy por decir que venga; mas parece libertad.
Don Diego	No puede ser que lo sea si no escribo lo que dices, y pues a este punto llegas, dame, Señora, un retrato, que puede ser que le tengas, para que a don Diego envíe.
Leonora	Como don Diego no sepa que yo le envío, sí haré; pero con esta advertencia, que él me ha de enviar el suyo mientras no viene.
Don Diego	Que sea,

	pues, en razón.
Leonora	Voy por él.
Don Diego	Pues son las cartas tan ciertas por el correo, Señora, y don Diego está bien cerca, no es menester enviar a Nuño.
Leonora	Como tú quieras; que donde me pierdo tanto, no importa que ellas se pierdan.
(Vase.)	
Lope	¿Qué intentas con esas cosas?
Don Diego	¿Qué quieres, Lope, que intente?
Lope	Que la sangre es excelente y las partes son hermosas, nadie lo puede negar; pero en aqueste contrato hallo un engaño.
Don Diego	No es trato que a nadie pueda engañar.
Lope	Si tu retrato le envías, ¿No ha de conocerte luego y saber que eres don Diego?
Don Diego	Poco de mi ingenio fías;

	poner otro.
Lope	Es más error; que si es hermoso, y no es como el que espera, después llamarase a engaño amor: pues si es feo, aquel deseo con que te quiere por fama ha de cesar, que quien ama nunca le imagina feo. Pues si no es feo ni hermoso y ama en él lo que desea, ¿Cómo, después que te vea, su pensamiento amoroso hallará satisfacción en cosa que es diferente, y que no le represente la misma imaginación? Yo no soy de parecer que ese retrato le envíes, ni que tantas cosas fíes de un ingenio de mujer que por instantes se muda.
Don Diego	¿Pues qué te parece a ti?
Lope	Que digas que viene aquí con que saldrás de esta duda.
Don Diego	¿Cómo la tengo de hablar?
Lope	De noche, por estas rejas.
Don Diego	Lo que importa me aconsejas.

Lope	Eso no se puede errar; el hablarla te asegura del pretendido favor; hablando se aumenta amor.
Don Diego	Ya le ha puesto su hermosura en mis imaginaciones, y el de Castilla se pasa.
Lope	Como eso la ausencia abrasa si en sus remedios te pones.
Don Diego	El mío he puesto en su mano.
Lope	Vencerá, por su interés, un amor aragonés a un agravio castellano.

(Salen don Fernando, Lucinda y don Carlos.)

Lucinda	No hay que atormentarme más, yo he dicho verdad en todo.
Don Fernando	Hablándome de ese modo mayor sospecha me das.
Don Carlos	Dime a mí como a tu hermano quién es ese caballero, que yo quitarte no quiero tu gusto.
Lucinda	Cánsaste en vano.

Don Carlos	¿El Príncipe en nuestra casa? No, Lucinda, tú has querido disimular.
Lucinda	Esto ha sido, carlos, todo lo que pasa, y que él es el que pretende vuestro deshonor, que yo no le quiero.
Don Fernando	¿Cómo no, si entrar en mi casa emprende?
Lucinda	Culpa tus malos criados que por interés le dieron lugar.
Don Fernando	¿Que ellos le trajeron?
Lucinda	Sí, que los ruegos dorados alcanzan todo imposible.
Don Fernando	No me ha de quedar ninguno en casa.
Don Carlos	En tiempo oportuno, que esta es ocasión terrible, podrás despedirlos de ella; que no es bien dar a entender al Príncipe, que a saber llegas lo que intenta en ella; que si él está enamorado le ocasionas, te prometo, a que te pierda el respeto.

Lucinda	Dios sabe que no le he dado
causa ni ocasión jamás;
si en haberme defendido
con desdén y con olvido,
no ha sido ofenderle más.
Don Carlos	Puesto, Señor, que eres viejo,
y que es madre de la ciencia
la edad, y de la experiencia
es hijo el cuerdo consejo,
yo quiero dártele a ti
en aquesta confusión.
Don Fernando	Bien podrás, que mi razón
con el temor falta en mí;
pero ya sé que dirás
que case a Lucinda luego.
Don Carlos	Eso te suplico y ruego;
pero hay otra cosa más:
que si Lucinda se casa
en Aragón, será cosa
a tu honor más peligrosa
si el mismo desdén le abrasa;
porque luego ha de querer
o matar a su marido,
o entrar en su casa.
Don Fernando	Ha sido
justo temor del poder,
que mal podré resistillo
de su tirana afición.

Don Carlos	Saquémosla de Aragón
y casémosla en Castilla.
Don Fernando	Bien dices; pero ¿con quién?
Don Carlos	Habrá tantos, que el que más
te agrade escoger podrás.
Don Fernando	Carlos, tú dices muy bien.
Don Carlos	Aquí ha llegado la fama
de un don Diego de Mendoza,
que sin verle Zaragoza
le estima, celebra y ama.
Si quieres que yo le escriba,
harase, saldrás de pena,
y llévela norabuena
para que en Castilla viva.
Que después que con la ausencia
se olvide de esta afición,
podrá volver a Aragón.
Don Fernando	No pudiera mi experiencia
hallar consejo más sabio:
¿Es grande la calidad
de don Diego en igualdad
de nuestra sangre?
Don Carlos	Es agravio
tratar de un hombre, sobrino
del duque del Infantado.
Don Fernando	Escríbele, y concertado,
póngase luego en camino.

(Vase.)

Lucinda	¿Qué habéis hablado de mí?
Don Carlos	Que ya te habemos casado.
Lucinda	¿Casado?
Don Carlos	¿No fue acertado?
Lucinda	Estoy por decir que sí: lo breve me maravilla.
Don Carlos	Pues no ha sido en Aragón, que por quitar la ocasión te casamos en Castilla.
Lucinda	¿En Castilla?
Don Carlos	Vendrá luego quien esta ventura goza.
Lucinda	¿Quién?
Don Carlos	Don Diego de Mendoza.
Lucinda	Por fama estimo a don Diego: ¡Ay si fuese tan dichosa!
Don Carlos	No dudes que lo serás; porque hallar don Diego más, parece imposible cosa.

Lucinda	Las damas de Zaragoza,
	solo tratan de don Diego.
Don Carlos	Al poder de amor tan ciego,
	la defensa de un Mendoza.

(Salen el Príncipe y el Conde.)

Príncipe	Yo os digo que no sé quién me ha librado,
	conde; si lo supiera lo dijera.
Conde	Envidio, gran Señor, quien os ha dado
	la vida; pero ser quien fue quisiera.
Príncipe	Yo tengo para mí que fue soldado.
Conde	¿Y no supo quién érades?
Príncipe	Pudiera
	venirme daño.
Conde	Cosa en vos extraña
	dejar sin premio tan heroica hazaña.
Príncipe	No le dejé sin él, aunque fue poco
	una joya le di que la traía
	para Lucinda.
Conde	Cada vez que toco
	en la dicha, el valor, la valentía
	de ese soldado estoy de celos loco.
Príncipe	Mayores los padezco noche y día
	de este dichoso a quien Lucinda quiere

	que un grande amor de un gran desdén infiere.
Conde	Si me diese palabra vuestra Alteza de no matar al hombre ni avisalle, yo le diría quién es, que en su grandeza ni cabe el ofendelle ni matalle.
Príncipe	¿Tú lo sabes?
Conde	Mirando tu tristeza de aquestas noches en rondar su calle.
Príncipe	¿Quién es?
Conde	Jura primero.
Príncipe	Por Dios juro...
Conde	Basta, Señor, con esto estoy seguro. Lucinda quiere a don Bernardo.
Príncipe	¡Ay cielos! Que quise conocelle en la persona cuando me acuchilló.
Conde	Si hay cuerdos celos, aquí, Señor, tu entendimiento abona.
Príncipe	Por ti los callaré; pero tendrelos con más razón en ver que se apasiona de un hombre desigual.
Conde	Igual ha sido más que el alto galán, el vil marido.

	Tú no te has de casar: Lucinda estima
un noble caballero para dueño.
Príncipe	Ríndese amor, y su desdén me anima;
toda esta noche, Conde, pierdo el sueño.
Conde	Mucho el ver tu tristeza me lastima.
Príncipe	Ya menor parte del dolor enseño.
Conde	Aquesta noche quiero acompañarte.
Príncipe	Ninguna cosa a mi remedio es parte.
vete en buen hora, acuéstate y sosiega.
Conde	Señor...
Príncipe	No has de ir: y ya que sin enojos
muestra su oscuridad la noche ciega,
yo voy a ver la luz de mis enojos.
Conde	No quiero replicarte.
Príncipe	Si me niega
que mis suspiros vayan por despojos
a enternecer sus rejas, yo soy muerto.
Conde (Aparte.)	(Perdido voy, ninguna cosa acierto.)

(Salen don Diego y Lope.)

Don Diego	¿Serán las diez?
Lope	Sí serán.

Don Diego	¿Entiendes de Astrología?
Lope	Conozco que espira el día
al salir el lubricán,
y que vuelve a amanecer
si veo al alba reír.
Don Diego	Eso se puede decir,
eso se puede creer;
aunque en materia del cielo
es ciencia infalible, Lope.
Lope	No sé más de que al galope
va la Luna envuelta en hielo,
y que el carro y las cabrillas
salen a tiempos del año
altas y bajas.
Don Diego	¡Qué engaño
reducir las maravillas
de aquel Soberano autor
a dos dedos de papel!
Lope	¿Vendrá el Príncipe?
Don Diego	Sin él
vive amor.
Lope	Terrible amor.
(Grita dentro.)	
Don Diego	El silencio se alborota.

Lope   Mancebos son del lugar.

Don Diego   Algún cómo quieren dar.

(Tocan una guitarra.)

Lope   ¡Qué temeraria friota!

Don Diego   Música suena.

Lope   Ella, el cómo
                de la noche efectos son.

Don Diego   Solo temo en Aragón
                estas píldoras de plomo.

Lope   ¿Eso no está ya peor
                en Castilla?

Don Diego   En siendo tarde
                todo cristiano se guarde.

Lope   Tarda Alfonso.

Don Diego   ¡Gran rumor!

Lope   Es que dan grita a una vieja.
                Que administra en esta calle
                dos mozas de lindo talle.

Don Diego   Pues di, ¿qué les aconseja?
                Que las puertas le derriban
                y las ventanas también.

Lope	Que a ninguno quieran bien, y que de todos reciban.

(Sale el Príncipe.)

Príncipe	Si no me ha engañado el talle, aquí están mis dos secretos amigos.
Don Diego	¿Quién es?
Príncipe	Yo soy.
Don Diego	¡Oh mi Señor!
Príncipe	¡Oh don Diego!
Lope	Aquí está, Príncipe invicto, de aquesta noche el silencio, de aqueste cuerpo la sombra, de este Tobías el perro, y la tierra de sus pies.
Príncipe	¡Oh Lope! ¿Pues qué hay de nuevo?
Lope	Lo mismo que en el principio del mundo, algo más o menos, digo del diluvio acá, en que los hombres hicieron casas, defensas y ofensas, naves, repúblicas, reinos; hay muchas mujeres.

Príncipe ¿Muchas?

Lope Son tantas, que te prometo
que si estimarse supieran
los hombres de aqueste tiempo,
que anduvieran a rogarlos
y que les dieran dineros.
hay amigos y enemigos,
y todos son de provecho;
que el enemigo os reprime
para que seáis más bueno,
y el amigo os hace bien.

Príncipe ¿Y qué hay más?

Lope Hay muchos pleitos
que son sustento del mundo,
porque ya se funda en ellos.
No me mires ni me aguardes,
que no he de hablar, te prometo,
en mi vida una palabra,
que soy desdichado en esto.
Como esto es imitación
de las costumbres del pueblo,
tal vez la lengua o la pluma
dicen lo que no quisieron.
La lengua, como está en agua,
tiene el movimiento presto:
la pluma, como está en tinta,
deslizase por momentos.

Príncipe ¿Don Diego?

Don Diego ¿Señor?

Príncipe Yo estoy
muerto de celos.

Don Diego Los celos
son máscara del amor,
que se disfraza con ellos.

Príncipe Está bien dicho; he sabido
la causa.

Don Diego ¿Y quién es el dueño?

Príncipe Don Bernardo, en Aragón
un principal caballero.

Don Diego ¿Quiérele Lucinda?

Príncipe Y tanto,
que ha tenido atrevimiento
para matarme.

Don Diego Ya sé
lo demás de este suceso.

Príncipe Querría certificarme:
llega a las rejas diciendo
que eres don Bernardo.

Don Diego Voy.

Príncipe Llama con la espada y quedo.

Don Diego ¡Ha de arriba?

(Sale Lucinda a la ventana.)

Lucinda ¿Quién es?

Don Diego Yo:
¿No me conoces?

Príncipe Guardemos
tú y yo la calle.

Lucinda ¿Quién es?

Don Diego ¿Otra vez?

Lucinda Y aun otras ciento.

Don Diego Mira que soy don Bernardo.

Lucinda Pues don Bernardo, ¿a qué efecto?
¿No sabe el Príncipe ya
que no lo son los terceros?

Don Diego Del Príncipe no lo soy;
porque fuera desconcierto
siendo yo de ti querido.

Lucinda ¿Cómo es eso? ¿Yo te quiero?

Don Diego Solo estoy; mira, Señora,
que tus disfavores siento.

Lucinda ¿Qué disfavores, Bernardo?
¿Cuándo, cómo, y en qué tiempo

                            te he favorecido yo?

Don Diego (Aparte.)   (¿Oyes esto?)

Príncipe (Aparte.)   (Estoy suspenso
                            de tan grande novedad.)

Don Diego   Yo, Señora, te pretendo
                            para mujer; aunque sé
                            que por amor te merezco.

Lucinda   Bernardo, aunque yo debiera
                            mostrar agradecimientos
                            a tu amor, era imposible;
                            demás, que no te le tengo.

Don Diego (Aparte.)   (¿No lo escuchas?)

Príncipe (Aparte.)   (Bien lo escucho.)

Don Diego   Agora creo mis celos,
                            y que quieres bien a Alfonso.

Lucinda   Que es engaño te prometo,
                            y que como ya casada,
                            ninguna cosa deseo.

Don Diego   ¿Casada?

Lucinda   Casada estoy;
                            que mi padre, conociendo
                            que el Príncipe estaba ya
                            a su deshonor resuelto,
                            en Castilla me ha casado.

Don Diego	¿En Castilla?
Lucinda	Ya el correo lleva cartas a mi esposo, a sus amigos y deudos.
Don Diego	¿Puedo yo saber con quién? Pues bien sabes que te debo el parabién.
Lucinda	¿Por qué no?
Don Diego (Aparte.)	(¿Oyes esto?)
Príncipe (Aparte.)	(Estoy muriendo.)
Lucinda	Ha concertado mi padre hacer este casamiento con don Diego de Mendoza, un notable caballero cuya fama es imposible de sus valerosos hechos que no te haya dado aviso.
Don Diego	¿Con don Diego?
Lucinda	Con don Diego, y perdona si me voy, porque ni puedo ni quiero, siendo ya mujer casada, oír requiebros ajenos

(Vase.)

Don Diego	Cerró y fuese.
Príncipe	Y yo cerrara también la puerta al deseo, si no supiera que estaba en Zaragoza don Diego. ¿Cómo ha hecho don Fernando este casamiento?
Don Diego	Creo que mi nombre le ha obligado.
Príncipe	¿Hay más extraño suceso?
Don Diego	Menester es prevenir el ir a la corte el pliego, porque si llega a la corte se sabrá todo el secreto.
Príncipe	Yo enviaré con diligencia tras él, y tú podrás luego responder a don Fernando que aceptas el casamiento y vendrás a Zaragoza para tratar el concierto. Mas que secreto ha de ser; y así, podrás de secreto hablar de noche a Fernando, como que vienes a esto desde Castilla.
Don Diego	¿Y si llegan a querer él y sus deudos

	que dé la mano a Lucinda?
Príncipe	Descubrirasles que has muerto a don Nuño, y que hasta tanto que el Rey, airado en extremo, te perdone, no es posible; porque conforme al derecho te ha secuestrado tus tierras.
Don Diego	Es la traza de tu ingenio; pero advierte que abre el día la hermosa llave del cielo por el candado del alba.
Príncipe	Pues vámonos.
Lope	¿Qué es aquesto?
Don Diego	Fábricas de la fortuna, edificios de los celos, desatinos del amor, y de mi desdicha enredos. Y que ahora más que nunca con razón llamarme puedo, no don Diego de Mendoza, como mis padres y abuelos, sino don Diego de noche.
Lope	Oye a propósito un cuento; pero ya no me acordaba: ya te lo diré allá dentro.

Fin de la segunda jornada

Jornada tercera

(Sale Leonora, don Diego y Lope.)

Leonora	Vuelve a decirme, don Juan, que vino anoche don Diego.
Don Diego	Vino, y vino a verme luego.
Leonora	No tiene el mundo galán que sepa obligar así.
Don Diego (Aparte.)	Débesle notable amor; (Que nadie sabe mejor que yo lo que pasa en mí. de burlas quise querer, y ya tan de veras quiero, que si dejo de ver muero, y vivo si llego a ver.)
Leonora	Si solo viene por mí, bastaba esta obligación para ponerme afición.
Don Diego	¿Pues él a qué viene aquí? Pregunta a Nuño qué dice.
Lope	¿Qué me puedes preguntar, si a cuanto puedes dudar la verdad te contradice? Mil cosas me ha preguntado, todas señales de amor, porque la fama es pintor y lisonjero extremado.

>   No hay Apeles ni Timantes...
>   ¿Qué es Timantes? ¿Qué es Apeles?
>   Que con mejores pinceles
>   pinte hermosuras de amantes.

Leonora
>   Más enamora la fama
>   muchas veces que la vista.

Lope
>   Como no hay quien la resista,
>   hácese mayor la llama.
>   una vez me enamoré
>   por fama de una fregona,
>   que después en su persona
>   todo al contrario lo hallé.
>   Cabellejos enzarzados,
>   moreno picante en rojo,
>   a lo socarrón el ojo,
>   cabos negros y rasgados.
>   Los dientes de porcelana,
>   cosa que hasta aqueste día
>   no la topó la poesía;
>   labios ribetes de grana;
>   garganta, manos y pechos,
>   de plato de Talavera;
>   cinta estrecha, ancha cadera,
>   pequeños pies y bien hechos.
>   fuila a ver para creello
>   a un arroyo, que baldío,
>   pretende en corte ser río,
>   y nunca sale con ello;
>   y hallela con cabellera
>   de furia, y llena de usagre
>   la cara como de almagre,
>   la boca como ternera;

| | luego cada injusto pie
era una lengua de vaca,
la voz como una carraca;
con que atronado quedé. |
|---|---|
| Leonora | ¿Qué hiciste? |
| Lope | La cruz, diciendo:
tentación de San Antón,
¿Qué me quieres? |
| Leonora | La opinión
de don Diego es grande. |
| Lope | Entiendo
que la fama no le iguala. |
| Leonora | ¿Cómo será? |
| Lope | Mira atenta
a don Juan, y luego haz cuenta
que ves su donaire y gala. |
| Leonora | Buen talle tiene don Juan. |
| Lope | ¿No más de bueno? Pues luego
que conozcas a don Diego
dirás que no es mal galán.
Él está en una posada
desde anoche, y esta quiere
verte. |
| Leonora | Quien por verle muere
ya tiene el alma turbada. |

Lope	Dijo a don Juan, que venía a traerte su retrato.
Leonora	Di que venga con recato, que hay una celosa espía.
Lope	Bien hizo en traerte el vivo.
Leonora	Bien, pues lisonja no habrá de pincel y pluma.
Lope	Está lleno de gusto excesivo de que esta noche ha de verte.
Leonora	¿Don Juan?
Don Diego	¿Señora?
Leonora	Ya estoy bien informada.
Don Diego	Y yo voy, como debo, a obedecerte.
Leonora	¡Que venga hasta Zaragoza solo a verme!
Don Diego	Ya sospecho que es hora.
Leonora	Como lo ha hecho, justamente el nombre goza

	del más galán castellano.
Don Diego	A la puerta del vergel,
	vendré, Señora, con él.

Leonora
Fuera pensamiento vano
querer pagarte, don Juan,
tan grandes obligaciones
solamente con razones.

Don Diego
Pagadas, Señora, están.
vete, y a la puerta espera,
pues que tanto os favorece
la oscura noche.

Leonora
　　　　　　Parece
que de la celeste esfera
las estrellas ha borrado;
a ver a don Diego voy.

(Vase.)

Don Diego
¡En qué laberinto estoy
de confusión y cuidado!
Querido soy, sin quererme,
buscado soy, sin buscarme,
a hablarme van sin hablarme,
porque me han de ver sin verme.
Ayúdeme la fortuna.

Lope
El que nació sin memoria,
¿Para qué nació?

Don Diego
　　　　　　Si historia,

	si ejemplo, si fama alguna
te ha dicho que puede haber
memoria y entendimiento,
será un milagro, un portento,
que singular quiso hacer
naturaleza estudiosa.
Lope	Engáñaste.
Don Diego	No querría.
Lope	Pues a la sabiduría
llamaron hija famosa
de la memoria y del uso;
el que estudia sin memoria,
¿Para qué estudia?
Don Diego	Es victoria
de amor el traer confuso
y ciego el entendimiento.
La memoria natural
me faltó, la artificial
se llevó mi pensamiento.
Lope	¿Escribes a don Fernando
que esta noche llegarás
a Zaragoza, y estás
desatinos concertando?
Tiberio mandó matar
la Emperatriz, su mujer;
matáronla, y a comer
la mandó luego llamar.
Si tú te olvidas así,
alaba los que no tienen

	memoria.
Don Diego	Si ejemplos vienen en mi favor, oye.
Lope	Di.
Don Diego	¿Tiene la naturaleza entendimiento?
Lope	Divino.
Don Diego	¿Pues por qué piensas que vino a ser de tanta grandeza aquel milagro de hacer tantos rostros diferentes?
Lope	Por mostrar las excelentes obras de su gran poder.
Don Diego	Porque no tiene memoria que si memoria tuviera, hoy el mismo rostro hiciera que hizo ayer.
Lope	Niegas la gloria que de aquella variedad con esta loca agudeza le resulta.
Don Diego	Así es verdad, confieso a naturaleza por instrumento divino del gran poder de su autor.

Lope	¿Cómo no finges, Señor, que has llegado de camino?
Don Diego	Si fingiré; mas primero será por ver a Leonor que me espera y tiene amor y por engañarla muero; que te aseguro que ya sin seso por ella estoy.
Lope	Ya ni consejos te doy, ni tu entendimiento está para consejo ninguno; mas si ella te conociese, ¿Qué has de hacer?
Don Diego	Cuando eso fuese, ¿Faltará remedio alguno? o el último que ha de ser declararme por quien soy; a verla, en efecto, voy, que tiempo habrá para ver a Lucinda.
Lope	¿De ese modo con dos te querrás casar?
Don Diego	No hay servir como callar, que el callar acierta en todo.

(Vanse.)

(Sale don Bernardo, en hábito de noche.)

Don Bernardo   Noche, a quien solo ha pagado
tributo amor en el suelo,
porque está tu negro velo
a su remedio obligado;
manto de estrellas bordado
encubridor de secretos;
noche en quien tales efetos
para alabarte se hallan
que en ti, porque todos callan
todos parecen discretos;
que en ti, todos los mortales
hallan descanso y favor,
solo con celos amor
no goza remedios tales,
de tus luces celestiales
huye la pena celosa;
tu oscuridad temerosa
amor con celos desea,
porque cuando estás más fea
le pareces más hermosa.
Por la puerta de esta huerta
vengo a hablar una criada,
que a su señora olvidada
a mi remedio despierta.
¡Oh, tú, que de aquesta puerta
eres llave celestial,
ven a remediar mi mal!
Gente siento. ¿Gente aquí?
Mas ya amor me advierte así
que estoy de celos mortal.

(Sale don Diego, con plumas y capa de color, y Lope disfrazado.)

Lope	Llega con tiento, y disfraza la voz, Señor, cuanto puedas.
Don Diego	Ulises me rinda parias, si salgo con esta empresa.
Lope	Téngola por más hazaña que del astuto se cuenta, que por los muros de Troya metió las armas de Grecia. Tú propio te has de fingir a ti mismo.
Don Diego	No pudiera sin confianza de amor: así engaña, y así ciega. Espérame, Lope, aquí, que ya han abierto la puerta.
Lope	Vayan, contigo, Señor, cuantos planetas y estrellas son de amor primeras causas y de su efecto influencias.

(Sale Leonora a la puerta.)

Leonora	¿Es don Diego?
Don Diego	El mismo soy.
Leonora	Vos seáis enhorabuena venido a esta vuestra casa.
Don Diego	Quien a tanta gloria llega,

| | no os espantéis, que turbado, |
| | no sepa daros respuesta. |

Leonora ¿Venís con salud?

Don Diego   Aquí,
cuando sin ella viniera,
hallara salud y vida;
dadme de la vuestra nuevas.

Leonora No sé qué diga de mí,
si ya he dicho que soy vuestra
fiada en vuestro valor;
que no es justo que os parezca
liviandad amor tan grande.

Don Diego Lo que los hados conciertan,
como a fuerza superior
no resiste humana fuerza.

Leonora ¡Ay, quién os pudiera ver!

Don Diego Dentro de dos días llega
mi gente, y públicamente
saldré a que todos me vean,
y os vendré a besar las manos.
Agora, en primeras pruebas
de mi amor, aquesta joya
tomad, y ojalá que fuera
un reino cada diamante.

Leonora Será un mundo, siendo vuestra;
y perdonad, que la pago
con esta sortija.

Don Diego	En ella dais principio a mi deseo y a mi ventura firmeza, pues la fe del matrimonio se significa con ella.
Leonora	En esa fe quiere amor que a veros y hablaros venga. ¿Adónde queda don Juan?
Don Diego	Allí aguardándome queda.
Leonora	Llamadle.
Don Diego	Voy.
Leonora	¡Qué ventura! ¡Qué lindo talle y presencia! ¡Oh, oscura noche, si acaso fueras más clara, y tuvieras Luna!
Don Diego	¿Lope?
Lope	¿Señor?
Don Diego	Creo que no hay fábula que tenga tal engaño.
Lope	¿Al fin la hablaste?
Don Diego	¿No te dije que amor ciega?

	Por don Diego me ha tenido.
Lope	Aun es la verdad más cierta.
Don Diego	La joya que me dio Alonso le di.
Lope	Bien creerá con ella que eres tú, porque valía veinte mil escudos. ¿Y ella, qué te dio?
Don Diego	Aquesta sortija.
Lope	Dichosamente comienza.
Don Diego	Hay un peligro.
Lope	¿De qué?
Don Diego	Quiere hablar a don Juan.
Lope	Llega, y dila que eres don Juan.
Don Diego	No sé, por Dios, si me atreva.
Lope	Disfraza un poco la voz y conmigo, Señor, trueca esas plumas y esa capa.
Don Diego	Bien has dicho: toma.
Lope	Muestra.

(Truecan capas y sombreros.)

Don Diego   Voy.

Lope   Favorézcate amor.

Don Diego   Temeroso voy.

Lope   No temas.

Don Diego   ¿Cómo no?

Lope   Yo lo diré:
¿No hace el amor que parezca
una mujer fea hermosa,
y la que es necia discreta?

Don Diego   Claro está.

Lope   ¿Pues por qué dudas
que don Diego y don Juan seas,
a los ojos de mujer
que está de tu amor tan ciega?

Don Diego   Yo llego.

Leonora   ¿Es don Juan?

Don Diego   Yo soy.
¿Viste a don Diego?

Leonora   Quisiera
que el alba le hallara aquí.

Don Diego	¿No tiene buena presencia?
Leonora	Linda en extremo. ¿Qué dice de mí?
Don Diego	Que cosa más bella, con lo poco que te ha visto, no ha hecho naturaleza; mas dice que está corrido.
Leonora	Don Diego, ¿de qué?
Don Diego	No creas que a no turbarse de verte, tan corto te pareciera.
Leonora	¿Y yo no estuve perdida, don Juan, atajada y necia?
Don Diego	Gente siento.
Leonora	Adiós.

(Vase.)

Don Diego	Adiós. Lope, ¿qué es eso?
Lope	Que entiendas que haces falta a don Fernando.
Don Diego	Pues camina donde veas, que no igualan las antiguas

a las historias modernas.

(Sale don Bernardo.)

Don Bernardo	Amor; ¿no fue cobardía
no acometer estos hombres
pues solo en saber sus nombres
todo mi bien consistía?
¿Hay sucesos más extraños?
¡Ah celos! cesasteis hoy.
En busca del Conde voy,
sepa su daño y mi daño.

(Sale el Conde.)

Conde	¿Quién va?

Don Bernardo	¿Es el Conde?

Conde	¿Pues quién
tuviera aqueste cuidado?

Don Bernardo	Si antes hubieras llegado,
se te lograra más bien.
A Leonor habla en secreto
un caballero.

Conde	¿A Leonor?

Don Bernardo	¿Piensas tú que es el honor
todas las veces discreto?

Conde	¿Hombre tiene Zaragoza
que intente oculto servilla?

Don Bernardo	Zaragoza no, Castilla.
Conde	¿Quién?
Don Bernardo	Don Diego de Mendoza.
Conde	¿Don Diego aquí?
Don Bernardo	Yo le vi, y con él un caballero, que él llamaba Lope.
Conde	Hoy quiero que mi honor se vengue en mí. No quedará en Zaragoza casa, jardín, plaza o calle donde no vaya a matalle.
Don Bernardo	La fama de este Mendoza es como la de Amadís: vendrá a Aragón a probar aventuras, por ganar fama.
Conde	Honor si esto sufrís, no digáis que habéis nacido en la casa generosa del conde de Urgel.
Don Bernardo	No hay cosa que pueda haberte ofendido como aqueste atrevimiento.

Conde	Siendo don Juan mi criado castellano, he sospechado que sabrá su pensamiento.
Don Bernardo	Bien dices: habla a don Juan.
Conde	Vamos.
Don Bernardo	Él te dirá de él.
Conde	¿Mendoza, al conde de Urgel aquí discreto y galán? El parentesco os permito; pero como no os caséis, a Castilla volveréis, pero será por escrito.

(Sale don Fernando, don Carlos y Lucinda.)

Don Fernando	Tarda don Diego, y ya la noche pasa.
Don Carlos	Ésta escribió, Señor, que llegaría.
Lucinda	Como es tan tarde no hallará la casa.
Don Carlos	No le aguardar ha sido culpa mía.
Lucinda	Si amor es fuego y desde cerca abrasa, ¿por qué lo que formó la fantasía tan lejos hace en mí tales efetos? Mas siendo dios Amor, tendrá secretos. ¡Que esto pueda la fama! extraña cosa: ¿Mas qué mucho, si engendra más deseo?

(Sale Flora, y poco después don Diego y Lope, con las espadas desnudas.)

Flora	Aguardando, Señora, cuidadosa, dos mil espadas en la calle veo.
Don Carlos	¿Espadas?
Don Fernando	¿Dónde vas?
Lucinda	¡Qué rigorosa fortuna!
Flora	¿Cómo?
Lucinda	Mis sospechas creo
Don Carlos	Un hombre viene aquí.
Lope	Bien se ha fingido.
Don Fernando	¿Quién es?
Don Diego	Don Diego soy.
Don Fernando	Bien seáis venido.
Don Diego	No sé si he venido bien; pues apenas a la puerta de vuestra casa llegué preguntando si lo era, cuando cuatro hombres me dicen, todos de buenas presencias: —¿Es don Diego de Mendoza? Yo, presumiendo que fueran

                        criados vuestros, respondo:
                        —Don Diego soy; pero apenas
                        esta palabra pronuncio,
                        cuando los cuatro me cercan
                        con las desnudas espadas,
                        y una voz diciendo: —¡Muera!
                        Yo, que venía de paz
                        y no innaginando guerra,
                        puse con armas doradas
                        el valor a la defensa.
                        Ayudome este criado;
                        sospecho que heridos quedan,
                        que tal vez contra la injuria
                        prevalece la inocencia.
                        Solamente oí decir:
                        —Retírese vuestra Alteza.
                        En quien conocí quien es
                        a quien de mí bien le pesa.
                        Y si es así, mal hicistes
                        en mandarme que viniera
                        a tratar mi muerte aquí;
                        aunque pienso que es pequeña
                        una herida, que en un brazo
                        me dio el que de todos era
                        más alto. Esto ha sido así,
                        para que el caso se entienda,
                        y me perdonéis, señores,
                        si por las causas propuestas
                        no llego como era justo.

Don Fernando   Bien conoceréis la pena,
                        señor don Diego, que todos
                        recibimos de la vuestra,
                        pues aun no ha dado lugar

         que nuestros brazos nos dieran
los indicios de las almas
con que os reciben en ellas.
Carlos de Aragón, mi hijo,
no entendió, que haber pudiera
tal atrevimiento en hombre
de oscura o clara nobleza.
No salió, para que fuese
vuestra venida secreta,
a recibiros.

Don Carlos   Dios sabe,
don Diego, lo que me pesa;
y a no habernos dicho vos
que entre los de esta pendencia
oísteis que dijo el uno:
—Retírese vuestra Alteza.
No quedara sin castigo;
mas ya sabéis cuanto deba
en la dignidad real
respetarse la grandeza.
Yo no os niego que he tenido
ocasiones de sospecha;
pero no para entender
que a vuestra vida se atrevan.
Conoced a vuestra esposa,
que con tal nombre os espera
si lo estorba el mando.

Don Diego   Agora
que a veros mis ojos llegan,
si fueran dos mil heridas
dichoso nombre les diera.
dadme, Señora, perdón

	que por tan rara belleza,
	justo fue que hubiese envidia,
	que no hay bien sin competencia.

Lucinda   Cuando ya no fuera gusto
           de mis padres, que tuviera
           dueño en vos, este peligro
           que toma el alma a su cuenta
           justamente me obligara
           a tanto amor y firmeza
           que las altezas del mundo
           menos poderosas fueran
           que con las rocas del mar
           los vientos que en vano suenan.
           No es tiempo de deteneros
           aunque decís que es pequeña
           la herida; Carlos, haced...

Don Diego Señora, ninguno venga;
           que más importa el secreto
           que mi vida, y pues tan cerca
           me dice aqueste criado
           que es práctico en esta tierra,
           que está la casa del Conde
           de Urgel, curareme en ella,
           porque don Juan de Guzmán,
           que está allí por encomienda
           del Almirante, entre tanto
           que en Castilla se conciertan
           ciertas desgracias que tuvo,
           tan grande amistad profesa
           conmigo, que nuestros pechos
           un alma sola gobierna.
           Y así, os suplico que todos

	me deis perdón y licencia, que me va faltando sangre.
Don Fernando	Esa licencia se os niega. Esta casa es vuestra ya.
Don Carlos	Don Diego, aunque no lo fuera, ¿Cuál hombre os dejara ir?
Lucinda	Señor, no hagáis tal afrenta a mi padre y a mi hermano.
Don Diego	Mis señores, esto es fuerza, y yo sé que os está bien.
Don Fernando	Pues siendo fuerza que sea: hola, traed en que vaya.
Don Diego	Eso no, mirad que os queda tiempo en que hacerme merced; y que es bien que no se entienda que estoy herido, y que estoy en Zaragoza.
Don Carlos	Conceda vuestra crueldad a lo menos que os acompañe que es mengua de un caballero, que vais solo.
Don Diego	En llegando a la puerta os habéis de volver.
Don Carlos	Digo

                        que me volveré.

Lope (Aparte.)   (No creas
                        que has de salir bien de tantos
                        desatinos y quimeras.)

Don Diego (Aparte.)   (Si el Príncipe me lo manda,
                        ¿No quieres que le obedezca?)

Lope (Aparte.)   (Parecen estos sucesos
                        de Penélope la tela,
                        que cuanto trazas de día
                        de noche lo desconciertas.)

(Vanse.)

Lucinda   ¡Qué gallardo caballero!

Don Fernando   Basta, que el Príncipe intenta
                        que no te cases.

Lucinda   No hará,
                        si das a su padre cuenta.

Don Fernando   Solo don Diego tan bien
                        de esta pendencia saliera.

(Vase.)

Lucinda   ¿Flora?

Flora   ¿Señora?

Lucinda   Mi amor

	al de Angélica la bella
se parece.
Flora	¿Cómo así?
Lucinda	Su herida el alma me lleva.

(Vanse.)

(Salen el Conde y doña Leonora.)

| Leonora | Injustamente me ofendes;
reporta, Conde, el furor,
si estimar tu honor pretendes. |
|---|---|
| Conde | No cumples bien con mi honor
si con tu amor te defiendes.
Tú, con intento liviano,
tienes, Leonor, aunque en vano,
de secreto en Zaragoza
a don Diego de Mendoza
el soberbio castellano.
Tú, de noche por la huerta
estás hablando con él,
y él sus amores concierta.
Puerta del conde de Urgel
es de este reino la puerta.
Si te ha ganado, Aragón
es de Castilla. |
| Leonora | No son
dignas palabras de ti:
advierte, Conde, que en mí
vive más clara opinión; |

que esté en la ciudad don Diego,
o el soberbio o el galán,
hoy lo supe, no lo niego;
porque don Juan de Guzmán
vino a decírmelo luego.
Y si de noche le vio
don Bernardo, no fui yo
con quien don Diego hablaría,
porque con don Juan sería
a quien por dicha buscó.
Porque según entendí
fueron en Castilla amigos...
Pero don Juan viene aquí.

(Sale don Diego.)

Don Diego   Cercado estoy de enemigos.

Conde   Sospechoso estoy de ti.

Don Diego   ¿De mí, Señor, a qué efeto?

Conde   ¿Tú sabes que en Zaragoza
don Diego está de secreto?

Don Diego   ¿Qué don Diego?

Conde   El de Mendoza,
galán, valiente y discreto;
¿Y me lo encubres a mí?

Don Diego   Señor, nunca yo entendí
que eso te importara.

Conde ¿No,
si ayer con mi hermana habló?

Leonora El Conde lo entiende así,
porque dice don Bernardo
que nos vio juntos.

Don Diego Señor,
si satisfacerte aguardo,
verás que a tu claro honor
debido respeto guardo,
don Diego viene a Aragón
a casarse de secreto
con Luciuda, y la ocasión
es el Príncipe.

Conde En efeto,
celos de Bernardo son.

Don Diego Bien claro se echa de ver.

Conde ¿Cómo, que intenta Fernando
casar a Lucinda?

Don Diego Ayer
lo estaban los dos tratando
y hoy ha de ser su mujer.

Conde No será, porque la adora
el Príncipe, y voy agora
a que lo remedie luego.

(Vase.)

Leonora	¿Eso dices de don Diego?
Don Diego	Esto es engaño, Señora, que si esto no le dijera, por ventura le buscara y mayor mal sucediera.
Leonora	He reparado en tu cara y en tu voz...
Don Diego	¿Pues qué te altera?
Leonora	No he visto cosa en mi vida como los dos parecida.
Don Diego	Sómoslo en rostro y acciones, de suerte que de opiniones era la nuestra ofendida; porque su padre y el mío no ganan en esto honor.
Leonora	No era mucho desvarío igualarte a su valor.
Don Diego	Él tiene más gracia y brío y mejor entendimiento; hoy nos verás juntos.
Leonora	Ya pase en él mi pensamiento.
Don Diego	Muy bien empleado está.
Leonora	Sí, don Juan, no me arrepiento.

	¿Adónde agora quedó?
Don Diego	Al campo salir quería.
Leonora	¿Dice que le agrado yo?
Don Diego	Todo y en todo.
Leonora	Sería por cumplimiento.
Don Diego	Eso no, que fuera tener por necio un hombre de aquel valor.
Leonora	Si él me aprecia en lo que precio su amor, él me tendrá amor.
Don Diego	Don Diego hiciera desprecio del Sol y de las estrellas, del alba, de las más bellas flores que la vista admiran; de los diamantes que tiran de nuestros ojos centellas, de la sangre que colora la púrpura emperadora, del oro que el fuego acendra, y de las perlas que engendra en nácar la blanca aurora; del cristal y del marfil, si de ese talle gentil no admirara la belleza de quien la naturaleza rompió la estampa sutil.

Leonora	Parece que te ha prestado su ingenio.
Don Diego	Y su amor también; de él lo que digo traslado, si no lo traslado bien, queda su autor excusado.

(Sale Lucrecio.)

Lucrecio	Lucinda ha venido a verte.
Leonora	¿Quién?
Lucrecio	Lucinda de Aragón.
Leonora	Pésame, que me divierte de aquesta conversación.
Don Diego	Yo me voy.
Leonora	Don Juan, advierte que hoy quiero ver a don Diego.
Don Diego	Tu intento le aviso luego.

(Vase.)

(Salen Lucinda y Flora.)

Lucinda	¡Señora mía!
Leonora	¡Lucinda!

Lucinda	Fortuna la rueda os rinda, amor el arco y el fuego.
Leonora	Eso a vos será mejor, que sois fortuna compuesta del arco y flechas de amor. ¿Qué buena venida es esta? ¡Tanta gala! ¡Tal favor!
Lucinda	Vengo a veros, y también a que me deis parabién, Leonor, de que estoy casada.
Leonora	¿Casada?
Lucinda	Y bien empleada.
Leonora	Vos lo merecéis. ¿Con quién?
Lucinda	No es persona de Aragón, aunque para esta ocasión llegó anoche a Zaragoza.
Leonora	¿Quién?
Lucinda	Don Diego de Mendoza.
Leonora (Aparte.)	¿Cómo? (¡Extraña confusión!)
Lucinda	¿No habéis oído decir a don Diego el castellano?
Leonora	Mil cosas oigo fingir,

	y así de que todo es vano, Lucinda, os quiero advertir, porque pienso que es casado, y casado en Aragón.
Lucinda	Yo sé que os han engañado; cosas del Príncipe son celoso y desesperado.
Leonora	¿Pues habeislo visto vos?
Lucinda	Anoche hablamos los dos y fe y palabra nos dimos.
Leonora	¿Anoche?
Lucinda	Anoche estuvimos juntos en mi casa.
Leonora (Aparte.)	¡Ay Dios!
Lucinda	Parece que os pesa de esto.
Leonora	¿No me ha de pesar que os dé su fe y palabra tan presto, quien dio su palabra y fe en otra parte?
Lucinda	¿Qué es esto? ¿Su fe y su palabra ha dado en otra parte?
Leonora	Yo soy testigo que os ha engañado.

Lucinda	Yo sé que casada estoy, y está el concierto firmado; que mal lo pueden fingir mi padre y Carlos, mi hermano.
Leonora	No me puedo persuadir que es don Diego el castellano.
Lucinda	Todo lo quiero hoy decir para que os desengañéis: en vuestra casa está herido, yo sé que no lo sabéis.
Leonora	¿Herido?
Lucinda	Aquí le ha escondido un criado que tenéis, que es castellano también.
Leonora	¿Quién es?
Lucinda	Don Juan de Guzmán.
Leonora	Vos dais las señas muy bien; mis esperanzas os dan, como es justo, el parabién.
(Aparte.)	(Aunque dijera mejor mis desdichas: ¡oh traidor! Si a casarte habías venido con Lucinda, ¿qué ha servido burlar mi amor y mi honor? Mi amor porque dio en quererte sin verte, y mi honor por verte

	en tanta opinión de España; mas era tan vil hazaña poderosa a aborrecerte. Mas, ¿por qué mis quejas van a ti, cruel, dirigidas? Si no al infame don Juan que aunque tuviera mil vidas, no le valiera el Guzmán.)
Lucinda	Dado me has sospecha justa mirando tu sentimiento.
Leonora	Lucinda, ya es cosa injusta encubrir mi pensamiento, perdona si te disgusta. Anoche me dio don Diego, ese cruel castellano, fe de esposo.
Lucinda	¿Cómo?
Leonora	A ruego de don Juan, le di la mano, asegurándome luego con una joya que tiene una ele de diamantes, en que más engaño viene por las letra semejantes que nuestro nombre contiene, que, en fin, Lucinda y Leonor comienzan de una manera.
Lucinda	¿Don Diego a ti?

Leonora	Si el honor de por medio no estuviera, poco importara al amor, yo le supiera vencer; pero ya no puede ser; en mi justicia confío: o don Diego será mío, o Aragón se ha de perder.
Lucinda	¿Serán menos principales mis parientes, que lo son los tuyos?
Leonora	En casos tales no será igual la razón si son los deudos iguales.
Lucinda	Siempre fuiste más altiva que pide tu calidad.
Leonora	Si en sangre real estriba, no tengas por novedad que como he nacido viva.
Lucinda	Yo soy Aragón.
Leonora	Yo soy navarra.
Lucinda	Ya estás muy necia.
Leonora	Contigo, Lucinda, estoy, que a quien a mí me desprecia, esta respuesta le doy.

(Salen el Príncipe, el Conde y don Bernardo.)

Príncipe   ¿Qué es esto?

Leonora   Si no viniera
vuestra Alteza, y yo supiera
que amor Lucinda le debe,
a lo que agora se atreve
yo sé que no se atreviera.

Príncipe   ¿Pues dónde hay tanta amistad,
de enojos hubo ocasión?

Conde   Leonora, ¿qué novedad
es esta?

Leonora   Desdichas son
que ofenden tu calidad.

Conde   ¿Eso cómo puede ser?

Príncipe   Conde, si es pleito, estas damas
su juez me pueden hacer.

Leonora   ¿Cómo has de juzgar si amas
y más con tanto poder?
Pero ya aborrecer debes
pues Lucinda está casada.

Príncipe   A eso vengo, que me han dicho
que está su esposo en tu casa.

Lucinda   Señor, mis padres y hermano

	casarme en Castilla tratan
con don Diego de Mendoza,
que vos conocéis por fama.
vino a Aragón de secreto,
lo demás que en esto pasa
bien lo sabéis; si a mi puerta
os lo ha contado su espada.
Aquí está don Diego herido.
Príncipe	Lucinda, en eso te engañas,
que yo solo te he servido
con la cortesía y gala
digna de tu calidad,
y a tus defensas honradas
he dado la estimación
que piden prendas tan altas.
Si tus padres te han casado
con don Diego y tú le amas,
hoy conocerás quién soy
y él será tuyo.
Leonora	Las armas
profesas más que las letras.
¿Ves cómo el amor te engaña,
y que no puede ninguno
juzgar en su misma causa?
¿Sin oír las partes juzgas?
Príncipe	¿Si Lucinda está casada,
qué tienes tú que alegar?
Leonora	Que cuanto Lucinda trata,
es decir, por engañarte,
que con don Diego se casa,

      que don Diego es mi marido.

Príncipe   ¿Qué dices?

Conde   ¿Qué es esto, hermana?

Don Bernardo (Aparte.) (No me engañaron los celos,
      aunque celos siempre engañan.)

Leonora   Que por orden de don Juan,
      por sus conciertos y cartas,
      me han casado con don Diego.

Don Bernardo Yo vi que los dos hablaban
      anoche por el jardín.

Lucinda   Toda la probanza es falsa,
      que anoche el mismo don Diego
      me dio la mano en mi casa.

Leonora   No puede ser, porque a mí
      me dio anoche la palabra
      y esta joya en prendas.

Príncipe   Muestra.
      ¿Hay confusión más extraña?
      Esta ele de diamantes
      se labró para una ingrata
      por mi orden.

Leonora   ¿Luego es vuestra?

Príncipe   La noche que la llevaba,
      a un castellano la di.

Leonora	¡Vos! ¿por qué?
Príncipe	Porque su espada dos veces me dio la vida.
Conde	¿Luego el dueño de esta hazaña fue don Diego de Mendoza?
Príncipe	Sí, pues él la dio a tu hermana.

(Sale don Carlos.)

Don Carlos	¿Está aquí su Alteza?
Príncipe	Carlos, ¿Qué quieres?
Don Carlos	Darte esta carta del príncipe de Castilla.
Príncipe	Muestra.
Don Carlos	Lucinda, ¿aquí estabas?
Príncipe (Lee.)	«Mientras solicito con el Rey, mi señor, perdone a don Diego de la muerte de don Nuño, suplico a vuestra Alteza le favorezca y ampare en Aragón, que el amor que le tengo...»
	No hay para qué proseguir; si aquí don Diego se halla y yo le debo la vida, las cartas son excusadas.

                        Siempre le he visto de noche
                        a la traza de estas damas,
                        y tan a oscuras, que apenas
                        daré señas de su cara,
                        ¿Quién es aqueste don Juan
                        que sabe de él?

Conde   En mi casa
                        le entretengo, porque así
                        el Almirante lo manda.

Príncipe   Id por él que él sabrá de él.

Conde   Yo voy.

(Vase.)

Príncipe   Pero si se casa
                        con Lucinda y con Leonor,
                        mal cumplirá su palabra.

Lucinda   La que me ha dado, yo sé
                        que la cumplirá.

Leonora   Tú engañas
                        tu esperanza con tu amor.

Lucinda   Más que amor, tengo esperanza.

(Salen el Conde, don Diego y Lope.)

Conde   Llega, don Juan, que su Alteza
                        te quiere ver.

Don Diego	Hoy levantas a tu Sol la humildad mía.
Lope (Aparte.)	(Hoy temo alguna desgracia.)
Príncipe	¿Eres don Juan de Guzmán?
Don Diego	Sí, Señor.
Príncipe (Aparte.)	(¡Presencia honrada!) ¿Dónde está don Diego?
Lope (Aparte.)	(Agora da por el suelo la traza.)
Don Diego	En mi aposento le tengo mientras estas cosas andan tan confusas.
Príncipe	Hame escrito en su favor una carta el príncipe de Castilla, mientras con su padre trata el perdón de cierta muerte, que le entretenga me manda; no sé qué entretenimiento conforme a su sangre clara, y a deberle yo la vida, pueda darle, si no basta almirante de Aragón.
Don Diego	Señor, por mercedes tantas vuestros pies beso en su nombre.

Príncipe	Don Juan, a don Diego llama que quiero casarle yo.
Don Diego	Tan cerca, Señor, se halla que quiero darle el recado. don Diego, por una carta del Príncipe de Castilla, y porque con vuestra espada librastes al de Aragón que en tanto peligro estaba, sabed que os hace almirante; id presto a darle las gracias, y dadme albricias a mí, albricias de buena gana porque sé que de tu bien la misma parte me alcanza.
Príncipe	¿Con quién hablas?
Don Diego	Yo, Señor, vuestro recado le daba a don Diego.
Príncipe	¿Pues aquí lo que has de decirle ensayas?
Don Diego	No, Señor, que a mí me digo las venturas que me aguardan; porque soy don Diego yo, y el que por mercedes tantas besa vuestros pies mil veces.
Príncipe	Igualmente tus hazañas con tus industrias compiten;

	a mis brazos te levanta
del suelo, que a mi cabeza
por laurel que le adornara
hubiera dicho mejor.
Don Diego	Tu hechura, Señor, ensalzas.
Lope	¿Y yo podré ya dejar
de ser Nuño o calabaza
y volverme a Lope?
Príncipe	Lope,
yo te confirmo en mi gracia.
Lucinda, para que veas
que tiene Alejandro España,
y que mi amor no pretende
de tus desdenes venganza,
don Diego será tu esposo.
Don Diego	Señor, perdona y repara
que no he de tener mujer,
aunque con tantas ventajas,
donde tú has puesto los ojos.
de tu amor fue aquella traza
con que fingí que venía,
y por no darle palabra,
fingí la herida también.
dásela al Conde, y iguala
tal valor y tal grandeza;
porque yo he dado a su hermana
fe y palabra de ser suyo.
Príncipe	Quien así te desengaña
y te aconseja, Lucinda,

	tu honor estima y alaba.
Lucinda	Ya que no soy su mujer, de don Diego soy cuñada, y le doy la mano al Conde.
Leonora	Yo a don Diego con el alma.
Lope	Quedo, que le falta a Flora cierta cosa.
Flora	¿Qué me falta?
Lope	¿Conoces al Conde?
Flora	¿A quién?
Lope	Al Conde de Argeo y Humaina.
Flora	¿Eres tú?
Lope	Toca esos huesos.
Don Diego	Don Diego de noche acaba; si es buena, tendralas buenas; si es mala, tendralas malas.

Fin de la comedia

Libros a la carta

A la carta es un servicio especializado para
empresas,
librerías,
bibliotecas,
editoriales
y centros de enseñanza;
y permite confeccionar libros que, por su formato y concepción, sirven a los propósitos más específicos de estas instituciones.
Las empresas nos encargan ediciones personalizadas para marketing editorial o para regalos institucionales. Y los interesados solicitan, a título personal, ediciones antiguas, o no disponibles en el mercado; y las acompañan con notas y comentarios críticos.
Las ediciones tienen como apoyo un libro de estilo con todo tipo de referencias sobre los criterios de tratamiento tipográfico aplicados a nuestros libros que puede ser consultado en Linkgua-ediciones.com.
Linkgua edita por encargo diferentes versiones de una misma obra con distintos tratamientos ortotipográficos (actualizaciones de carácter divulgativo de un clásico, o versiones estrictamente fieles a la edición original de referencia).
Este servicio de ediciones a la carta le permitirá, si usted se dedica a la enseñanza, tener una forma de hacer pública su interpretación de un texto y, sobre una versión digitalizada «base», usted podrá introducir interpretaciones del texto fuente. Es un tópico que los profesores denuncien en clase los desmanes de una edición, o vayan comentando errores de interpretación de un texto y esta es una solución útil a esa necesidad del mundo académico.
Asimismo publicamos de manera sistemática, en un mismo catálogo, tesis doctorales y actas de congresos académicos, que son distribuidas a través de nuestra Web.
El servicio de «Libros a la carta» funciona de dos formas.
1. Tenemos un fondo de libros digitalizados que usted puede personalizar en tiradas de al menos cinco ejemplares. Estas personalizaciones pueden ser de todo tipo: añadir notas de clase para uso de un grupo de estudiantes, introducir logos corporativos para uso con fines de marketing empresarial, etc. etc.

2. Buscamos libros descatalogados de otras editoriales y los reeditamos en tiradas cortas a petición de un cliente.

www.ingramcontent.com/pod-product-compliance
Lightning Source LLC
LaVergne TN
LVHW041255080426
835510LV00009B/744